D1553145

#0310

# TRIUNFO

MICHEL QUOIST

# TRIUNFO

BARCELONA
EDITORIAL HERDER
1984

Versión castellana de RAMÓN CASTELLTORT, de la obra de
MICHEL QUOIST, *Réussir*
Les Éditions Ouvrières, París 1960

Todos los derechos de reproducción, adaptación y traducción para todos los países
quedan reservados a Michel Quoist, 28 rue Victor Hugo, 76600 Le Havre, Francia

*Segunda edición 1984*

ISBN 84-254-1296-X

ES PROPIEDAD          DEPÓSITO LEGAL: B. 41.646-1983          PRINTED IN SPAIN

GRAFESA - Nápoles, 249 - Barcelona

# EL HOMBRE EN PELIGRO

*He aquí frente a la conciencia de la Humanidad, los "grandes problemas": la injusta condición del Mundo obrero y el proletariado de los pueblos que se ha venido en llamar "subdesarrollados" siguen todavía sin solución. Sus frutos amargos, innumerables variedades de sufrimiento afectan a la misma carne del hombre y paralizan su alma.*

*Actualmente, otro mal, de mayor gravedad, si cabe, puesto que es más profundo, invade a la Humanidad, comenzando — terribles vicisitudes de las cosas — por los pueblos más adelantados y por los hombres más "civilizados". Trátase de una desintegración interior, de una putrefacción del mismo hombre. Los más grandes sabios y moralistas, al menos los que creen en la supremacía del espíritu sobre la materia, se muestran unánimemente inquietos y la misma humanidad empieza a comprobar la importancia del peligro.*

*Gracias a sus extraordinarios logros, el Mundo moderno es prodigiosamente bello y grande. El hombre, orgulloso de sus conquistas y de su poder sobre la materia y sobre la vida, parece dominarlo cada día más. Pero a medida que con la ciencia y la técnica domina el universo, pierde el hombre el dominio de su universo íntimo. Penetra en el misterio de los Mundos, en el de los infinitamente pequeños y en el de los infinitamente grandes, y se pierde en su propio misterio. Quiere regir el universo y no sabe regir su propia persona. Domeña la materia, pero cuando debería — libre de su tiranía —*

*vivir más del espíritu, la materia perfeccionada se vuelve contra él, le esclaviza y el espíritu muere.*

*Si el hombre "pierde el espíritu", lo pierde todo. Desaparece el hombre, puesto que el espíritu es lo más importante. Cabalmente porque la idea nace del espíritu la materia se organiza bajo la mano del hombre y la construcción se lleva a cabo. Precisamente porque el espíritu concibe el plan, la ciudad surge de la tierra, la máquina sale de la fábrica; porque el espíritu concibe la belleza, el mármol se convierte en estatua y las cuerdas cantan y los colores se armonizan; porque el espíritu vuela ante otro espíritu, vive el amor, se unen los hombres, se forma la humanidad. Pero si el espíritu se menoscaba, el hombre peligra, ya que la carne de su amor, la máquina que construyó, la ciudad que levantó, el Mundo que edificó, se vuelven contra él y le aplastan. La materia escapa nuevamente del hombre; desaparece el hombre. Hay que comenzar de nuevo.*

*De este modo una tras otra se hundieron las civilizaciones. Entre las que se han ido sucediendo desde el comienzo de la Historia, sabemos que sólo algunas sucumbieron a los embates del exterior; en tanto que todas las otras fueron su propio verdugo, minadas interiormente por una lenta putrefacción.*

*Estamos orgullosos de nuestra civilización occidental. Con el intento de salvarla — según parece — hemos participado en la mayor carnicería que el Mundo ha conocido; para mantenerla fueron muertos decenas de millones de hombres y otras decenas de millones han sufrido; para salvaguardarla, las grandes naciones se arman cada día y almacenan prodigiosas fuerzas, capaces de asolar continentes enteros.*

*Realmente nuestra civilización está en peligro, pero no tanto en las fronteras geográficas como en las del mismo corazón humano. El gusano roedor está dentro, progresa inexorablemente, cebado por las facilidades del Mundo moderno que* ofrecen al cuerpo la fruición de la carne y al espíritu el orgullo del poder.

Nosotros recogemos sus frutos. Ejemplo, entre otros, de una moralidad deficiente, es la delincuencia juvenil que progresa de un modo peligroso en el mundo; en el seno de los países más "desarrollados", adquiere proporciones de verdadera plaga. El progreso de las enfermedades mentales, de toda suerte de desequilibrios, nos ofrecen un trágico balance de la salud del hombre moderno; los "salvajes" necesitan médicos para sus cuerpos; pero los hombres "civilizados" tienen necesidad de un ejército cada vez más numeroso de sicoanalistas, de sicoterapeutas, de siquiatras, para intentar salvar su espíritu.

Acaso el hombre llegue mañana a visitar a nuestros vecinos, los planetas. Pero ¿cuál será el "interior" de este hombre?

Convendría que toda la humanidad escuchase la solemne y siempre actual advertencia de Jesucristo: "¿De qué sirve al hombre ganar el mundo si pierde su alma?"

* * *

A pesar de todo, el Mundo moderno entusiasma y no sólo no tenemos derecho a frenar su fulgurante progreso; sino que tenemos la obligación de trabajar en él en vez de huir del mismo. No obstante, nuestra tarea sería inútil si no trabajásemos unificando esfuerzos para devolver al hombre la conciencia de su alma. Hay que rehacer al hombre para que el universo — por medio de él — sea rehecho en el orden y en el amor.

Cuanto mayores son para el hombre las facilidades de vida y de goce tanto mayor es la necesidad que tiene de luz para comprender que éstos son sólo medio para alcanzar un fin más elevado; tanto mayor es también la necesidad de *fuerza interior para no apegarse a ellas; y tanto mayor es, en fin, su necesidad de amor para no capitalizarlas en provecho suyo y con perjuicio de sus hermanos. Además, así como una construcción a medida que crece exige al ingeniero cálculos más exactos y talento más firme, del mismo modo estando el Mundo en desarrollo debe el hombre para edificarlo sólido y benéfico animarlo con más espíritu y amor.*

*Para que la Humanidad y el Universo se logren no basta ya ahora devolverle al hombre su alma; sino que es preciso ofrecerle aquel "suplemento de alma" que Bergson exigía ya.*

\* \* \*

*Pero sigamos adelante. Si el espíritu del hombre zozobra frente a la materia triunfante es porque olvida, ignora o niega a Dios. El drama se resume así: o el hombre se une a Dios despegándose de la materia o se apega a la materia y se separa de Dios. En definitiva, si el hombre está en peligro es porque se prefirió a sí mismo y prefirió la materia.*

*El Mundo moderno es para él tentación ininterrumpida.*

*El hombre produce siempre más y, eternamente hambriento, se arroja sobre esos bienes sin quedar jamás satisfecho. Círculo infernal donde las necesidades aumentan con una rapidez mayor a aquella con que las cosas nacen, y donde el hombre, esclavo, se inclina para recoger los frutos de la materia y acaba por caer de rodillas ante estos nuevos ídolos. Helo aquí, escindido en su ser profundo, condenado a la lucha contra sus hermanos, queriendo cada uno, ya como individuo, ya como colectividad, cosechar por cuenta y riesgo propios y guardar para gozar.*

*Pese a su caída, el hombre se admira. ¿No son acaso maravillosas sus realizaciones? Al admirarse se olvida de admirar a Dios, de adorarle. En la misma medida en que crece su poder extraordinario sobre las cosas, se olvida de la Om-*

nipotencia de Dios. Convierte las cosas en su dios, se convierte en dios de sí mismo, ocupando el lugar de Dios.

De esta manera el hombre "civilizado" se divorcia del verdadero Dios y, pese a sus grandes manifestaciones, con la misma seguridad que en la elaboración de doctrinas ateas, construye un mundo donde no queda ya sitio para Dios.

\* \* \*

El ofrecimiento de Jesucristo, venido a la tierra, enviado por su Padre para salvar al hombre y el Mundo, perdura:

Yo soy el camino, la verdad, la vida...

Sin mí nada podéis...

Vine para que tengáis vida y la tengáis abundante...

Yo soy la resurrección y la vida; quien vive y cree en mí no morirá jamás...

Mi paz os dejo, mi paz os doy; no como la da el mundo...

Para que el hombre y el Mundo moderno "triunfen" es preciso no sólo devolverle al hombre su alma, no sólo darle un suplemento de alma, sino también y ante todo devolverle a Jesucristo. Si no es así, mañana el hombre habrá desaparecido. Peligra el hombre.

\* \* \*

Porque creo real y de día en día más apremiante este peligro que se cierne sobre el hombre y le atañe, he escrito estas páginas. Quisieran ayudar a algunos a detenerse para recobrarse o afianzarse. ¡Pequeño esfuerzo si se compara con la inmensa tarea! Pero la potencia de un azud ¿no reside en innumerables gotas de agua?

Dios, a quien encomiendo este libro, sabrá utilizarlo si Él lo desea y si nosotros estamos dispuestos.

# TRIUNFAR

Respondiendo a una encuesta sobre la «Nueva Ola», hecha al Instituto francés de opinión pública (I. F. O. P.) por el semanario «Vie catholique illustrée»,

un 90 por ciento de los jóvenes interrogados señalan como importante para ellos «triunfar en la vida»,

un 88 por ciento, crearse una situación,

un 59 por ciento, casarse y asegurar el porvenir de los suyos.

Los hombres quieren triunfar. Pero ¿de qué triunfo se trata? Con mucha frecuencia, de un éxito material. En este libro tratamos de brindar algunas reflexiones sobre *el verdadero y completo éxito, el éxito cristiano.*

Es verdad que, para el hombre privado de la fe, este éxito puede a veces aparecer como un fracaso humano. Decimos acertadamente: *a veces;* puesto que no olvidamos que el Señor prometió a quienes le siguen el ciento por uno, no sólo más tarde en el cielo sino también en esta vida. No ignoramos, además, que estamos obligados a intentarlo todo para «perfeccionarnos» humanamente y para que el Mundo se perfeccione; y solamente con esta condición el Señor nos dará esta gracia sin la cual no podemos — supremo triunfo — perfeccionarnos sobrenaturalmente.

Partimos del hombre porque el hombre es el primero y el que en definitiva debe ser alcanzado. Pero si *pensamos que es locura creer que las estructuras son suficientes para transformar a los hombres, pensamos igualmente que lo es creer que basta cambiar al hombre sin cambiar las estructuras.* Con el mismo esfuerzo e idéntico amor han de ser acometidas las dos empresas.

Que nadie espere tampoco estar «formado» para obrar; el hombre sólo se forma a sí mismo obrando, y sólo el amor práctico a sus hermanos puede enraizarle en la caridad de Cristo. *Humana y sobrenaturalmente, el hombre sólo puede "perfeccionarse" trabajando para que el Mundo se perfeccione.*

* * *

Este libro no es un tratado donde magistralmente se exponen las reglas de vida del hombre y del cristiano; sino, como ya hemos dicho, un *conjunto de reflexiones* en torno a la formación humana y cristiana del hombre y del Mundo. Un conjunto de reflexiones agrupadas en capítulos, algunos relacionados entre sí; otros, no. Como que nuestra finalidad no es en modo alguno presentar un cuerpo entero, no se nos diga: falta tal miembro. Lo mismo ocurre dentro de cada «capítulo» donde cada tema no ha sido tratado «ex profeso», sino sólo rozando *algunos aspectos*, dejando deliberadamente otros en la sombra.

Para mayor claridad, sin embargo, hemos agrupado estas reflexiones en cuatro extensas partes: *El hombre — El hombre y su vida — El hombre y los otros — El hombre y su vida en Cristo.* Pero no hay que ver en esta división separaciones estrictas. De hecho, cada capítulo está en función de los otros; para darlo a entender hemos multiplicado voluntariamente las referencias. Sobre todo no es, claro está, nuestra intención limitar las relaciones entre el hombre y Cristo a un sector particular de su vida. Al contrario; quisiéramos llegar a demostrar que los esfuerzos del hombre para formarse, formar su vida y formar el mundo, no deben ser más que un solo e idéntico esfuerzo en Cristo para lograr establecer el Reino del Padre.

¿Por qué hemos escogido estos temas de reflexión con preferencia a otros y por qué dentro de estos temas, un aspecto determinado? Para responder hoy a necesidades concretas. Yo no soy un escritor para minorías; intentó ser apóstol en la vida, escuchando a la vida, convencido de que es Dios quien nos invita, a través de las solicitaciones de los hombres. Este grupo que desea una aclaración sobre tal problema, este hombre que pide consejos para comprender y vivir un determinado aspecto de su vida, estos lectores de revistas..., todos piden una respuesta; hay que responderles hoy; mañana harán falta nuevas respuestas; para nuevas preguntas, nuevos hombres.

He procurado ser conciso, directo y acomodarme escribiendo verdades eternas con palabras usuales en forma accesible el Mundo moderno.

Si he adoptado el tuteo no es por poca deferencia para con el lector o por una familiaridad injustificada, sino con la esperanza de que el lector me sustituya, y se aplique a sí mismo — como yo me las he aplicado ya — las reflexiones que le propongo.

Los hombres, por desgracia, no tienen hoy tiempo de leer largos tratados, pero ¿quién no puede encontrar los minutos indispensables para reflexionar sobre el contenido de unas pocas líneas? *Deseamos que sea la reflexión la que se imponga y sea una reflexión que implique un examen de conciencia y un compromiso.*

Quien se resigna a detenerse y, partiendo de un texto para superarlo pronto, no omite la comparación con su propia vida y con la silenciosa pregunta de Dios, no puede olvidarse de su alma ni de su Salvador.

Si conseguimos que algunos puedan recoger el fruto de esta pausa bienhechora, les habremos ayudado a perfeccionarse y a perfeccionar el Mundo.

# EL HOMBRE

# EL HOMBRE EN PIE

> *El sueño del hombre consiste en la consecución
> del señorío absoluto de su existencia. Tiene ra-
> zón; ya que su superioridad sobre el animal reside
> en poder mirarse, mirar el Mundo, juzgar y diri-
> gir su vida según las normas de su ideal. Pero
> muchos hombres que se creen maestros de su obrar
> son realmente, en mayor o menor escala, esclavos
> de su cuerpo y de su sensibilidad. No lograron
> establecer y mantener sólidamente la jerarquía de
> sus valores. O no son clarividentes o cuentan
> únicamente con sus propias fuerzas para vivir
> "de pie".*

- Sicológicamente, pocos hombres están normalmente «formados».

Pocos hombres han ordenado y puesto en el lugar que les
corresponde los diferentes compartimientos de su ser.

Pocos hombres están perfectamente equilibrados,

    o no se les ha ayudado a formarse (educación),

    o ellos no se han formado jamás a sí mismos (esfuer-
       zos del adolescente y del hombre maduro),

    o se han malogrado o les han malogrado los otros,
       las cosas, las estructuras, la vida...

Pocos hombres merecen el nombre de hombre.

- El hombre debidamente formado tiene tres compartimientos [1]:

> en el tercero, lo espiritual,
> en el segundo, lo sensible,
> en el primero, lo ·físico.

Los tres «compartimientos» se sostienen, se comunican,
reaccionan unos en otros, pero su jerarquía ha de ser respe-
tada; lo físico está abajo, es el menos noble; lo espiritual está
arriba, es el más bello.  Si no se mantiene el orden de los
valores, la formación es equivocada, el hombre se hunde.

- Algunos hombres caminan cabeza abajo.  Esto no puede
ser, el hombre no está hecho para andar así.
   Tú caminas cabeza abajo cuando lo físico — tu cuerpo —
toma la preeminencia y manda.  Es la sensualidad en cualquiera de sus aspectos.  Es también, acaso, la enfermedad
que apabulla, cuando podría ser dominada y ofrecida.

- Si es tu cuerpo quien decide y ordena y eres tú quien le
obedece, su peso aplastará en ti todo lo demás.  Tu sensibilidad se embotará, tu espíritu se ahogará y se volverá anémico.

- ¿Ha tomado tu cuerpo las riendas del poder completa y
definitivamente?  Acaso; pero si te estudias lealmente, quedarás sorprendido, en más de una ocasión, advirtiendo que
andas cabeza abajo:

> esta gula que no puedes resistir,
>    este dulce, este vaso de vino,

---

1.  Si hablamos de «compartimientos» en el hombre es sólo para distinguir
el valor respectivo de los elementos que lo componen; no olvidamos, naturalmente, que el *hombre es uno* y que está todo entero *en cada uno de sus
actos* (Cf. «El hombre atomizado o el hombre unificado y personalizado»).

esta molicie corporal que por la mañana se resiste a
que te levantes o una vez levantado ya descarta
todo esfuerzo,

esta sensación rebuscada y saboreada sin otra finalidad que tu propia satisfacción,

este placer sexual deseado por sí mismo.

¡Vamos, en pie, sé hombre!

- Algunas personas andan arrastrándose; en ellas manda
lo sensible.

Tu sensibilidad es dueña en ti cuando un afecto se convierte en una pasión y burlando el dictado de la razón, te
hace «perder la cabeza».

Si la sensibilidad domina, paraliza también el espíritu, lo
lleva a remolque, no puede juzgar con rectitud ni obrar con
libertad.

- ¡No has llegado a ser irremediablemente esclavo de tu
sensibilidad! Tal vez no, pero ¿no gobierna en ti con harta
frecuencia?

Crees que esta persona tiene razón, porque la amas
con amor sensible; que la otra no la tiene porque
no «puedes aguantarla».

Trabajas con alguno de tus profesores porque te es
simpático; no haces nada con otro porque «no
puedes aguantarle».

Te desvives mucho más por uno que por otro, te en-
entregas mucho más a éste que a aquél porque tu
amor es un amor sensible: con fulano, trabajas
a gusto en equipo porque por él «irías al fin del
mundo», pero con su amigo no podrías colaborar.

«Tienes la negra», no eres ya capaz de nada porque
un reproche te ha lastimado,

una sonrisa irónica te ha afligido,
una mano te ha sido negada.

No tienes ánimo para luchar porque nadie advierte
tu esfuerzo, porque no halla «consuelo» tu sensibilidad hambrienta.

Rezas hoy porque estás «en forma» y estás en forma
porque recibiste una carta agradable, porque tu
amigo tuvo para ti un gesto delicado, porque te
ha emocionado el espectáculo de un gran sufrimiento...

Pero mañana no podrás ya rezar porque estarás «desinflado» y estarás desinflado porque habrás com-
probado que tus esfuerzos no dieron resultados
satisfactorios porque alguien no creyó en tu buena
voluntad o tu amigo te engañó o abandonó...

¡Ya no estás en pie; te arrastras, esclavo!

- El hombre en pie es aquel cuyo espíritu enteramente libre,
domina la sensibilidad y el cuerpo. No desprecia ni a uno
ni a otra, puesto que ambos son bellos y útiles como creados
por Dios; pero los domina y los dirige. Él es el amo, ellos
los servidores.

- Tienes derecho a dar precedencia a tu sensibilidad o al
vigor de tu cuerpo [1]; son una fuerza que has de orientar; son
tus cabalgaduras; puedes ahorcajarte en ellos pero mantén
firme las riendas; con tu coche, puedes hacerte conducir, pero
mueve bien el volante. Si tus corceles se desbocan, si pierdes el mando de tu vehículo, conocerás la desgracia.

---

1. Cf. «No rehusar sino sublimar», pág. 33.

- Algunos hombres «planean»; no tocan de pies en el suelo.

Tú planeas también

cuando tus sueños se te antojan realidad,

cuando pasas el tiempo concibiendo planes que nunca llevas a cabo,

cuando no te acomodas a las personas y a las cosas,

cuando no te aceptas tal cual eres, cuando no aceptas a los demás como son,

o el medio en que vives, o el lugar que ocupas, o los acontecimientos que te atañen...

Planeas, cuando por miedo a la realidad, por falta de generosidad o por orgullosa complacencia, te dejas arrastrar por el ensueño.

- Soñar tu vida no es vivirla.

Tienes derecho a asirte un poco al ensueño para seguir adelante, pero nunca para alejarte de la realidad.

- Para formarte debidamente y permanecer en pie has de recordar con frecuencia los diferentes compartimientos del hombre y su jerarquía; luego, estudiarte lealmente frente a tal persona, tal acto, o tal actitud... ¿Quién te ha empujado a decidir esto, a obrar o a reaccionar de esta manera? Si no fuiste tú quien mandó, comprobarlo es ya una victoria de tu espíritu. Ya no eres al menos una víctima ciega; te liberas y recuperas tu cargo de director en tu vida.

- El hombre no puede con sus propios medios permanecer en pie: su cuerpo es harto pesado, su sensibilidad demasiado osada. Necesita una Fuerza que le atraiga desde la altura, le sostenga y le transfigure desde dentro.

Si abres tu alma a Dios, te fortalecerá su Fuerza; y tu sensibilidad y tu cuerpo estarán en tus manos puesto que tus manos estarán entre las suyas.

- Si no acoges a Dios, te mutilas, eres hombre inacabado, truncado, decapitado, ya que el hombre completo, en el pensamiento eterno del Padre es «el hombre de pie y divinizado».

# LAS DOS DIMENSIONES DEL HOMBRE

> *El hombre solo, que se baste a sí mismo, es inimaginable. Si quiere perfeccionarse ha de abrirse libre y de par en par a Dios, que en su amor no se contenta con la existencia que le ha dado, sino que desea además unirse a él y transformarse en Él.*
>
> *Pero ras con ras de la tierra, el hombre no está tampoco solo sino ligado a los demás hombres y ha de unirse libremente a ellos en el amor.*
>
> *Sólo el santo es un hombre acabado que se libró totalmente de sí mismo para acoger "en sí" enteramente a* Dios *y a* TODA LA HUMANIDAD.

- El hombre completo es el «hombre de pie» unido enteramente a Dios para ser transformado en Él hasta en lo más íntimo de su ser: «Ya no soy yo quien vivo, es Cristo quien vive en mí» [1]. Ésta es la dimensión vertical del hombre: hacia Dios.

El hombre completo es el hombre unido a todos los hombres sus hermanos, de todos los tiempos y de todos los lugares, formando con ellos un todo. Es la dimensión horizontal del hombre: hacia los otros.

Quien no ha alcanzado estas dos dimensiones es un hombre inacabado, truncado, mutilado.

---

1. San Pablo.

- Los hombres no son individuos yuxtapuestos sino personas unidas entre sí.

Eres miembro de la Humanidad y cada hombre es un poco tú mismo como parte también de la Humanidad.

No te conocerás plenamente mientras no conozcas a todos los hombres.

Alcanzarás la madurez de tu talla cuando estés unido por el conocimiento y el amor a todos los hombres, miembros del cuerpo de la Humanidad de la que tú eres también un miembro.

- El niño llega a adolescente cuando adquiere conciencia de sí mismo; el adolescente llega a hombre cuando adquiere conciencia de toda la Humanidad.

- Adquiere conciencia de ti mismo; reconocerás tus límites, estarás dispuesto a acoger a los demás, para completarte y enriquecerte.

- Nadie, sin empobrecerse, puede vivir solo.

- Toda la sicología dinámica moderna nos dice y todo el Evangelio nos enseña que hay dos grandes fuerzas opuestas que se disputan al hombre:

> una fuerza de expansión y de relación que se llama «amor» e impele a salir de sí mismo para formar las comunidades y luego el hogar, hasta llegar a la Humanidad,

> y una fuerza de retroceso y aislamiento que se llama «egoísmo» e impele a replegarse en sí con la engañosa y eterna ilusión de un éxito individual [1].

---

1. Sobre este tema y sobre las relaciones entre el amor y el matrimonio nos hemos servido ampliamente del excelente libro: *En marcha hacia el amor* del doctor Goust (Editions ouvrières, 1958).

- Cualesquiera que sean tus personales riquezas interiores, si te aislas, no alcanzarás tu plena madurez. Y si quieres enriquecerte con los otros, has de unirte a ellos, es decir, amarles.

Cuanto más ames a los otros tanto más perfecta será tu madurez.

- Si dices:

cada uno a lo suyo,

yo, en primer lugar (mis estudios, mi familia, mi porvenir, mi bienestar... etc...), no me ocupo de los otros,

yo no me «mezclo» en los asuntos de los otros (lo que equivale a decir: no conozco a los compañeros de mi escuela, de mi trabajo, de mi barrio...),

y si persistes en esta actitud no serás nunca perfecto, y quedarás lamentablemente imperfecto.

- Debes formar cadena. Primero con aquellos cuya mano puedes coger; tus más próximos: tu familia, los de tu casa, los de tu barrio, los de tu escuela, los que contigo trabajan, los que contigo se solazan. Si no vives en comunión con ellos, cuando la humanidad entera esté unida, tú permanecerás todavía aislado. Y un aislado es humanamente un fracasado. dentro del plan del Padre. un maldito.

- Para encontrar a los otros, hay que verlos: ¡abre los ojos!

Para poder acoger a los otros hay que tener sitio en casa: ¡deja espacio en ti!

Para poderte unir a los otros hay que dejarse llevar y salir de uno mismo: ¡olvídate y entrégate!

- A los hombres alejados en el tiempo y en el espacio, sólo
puedes unirte espiritualmente: debes llegar a ellos con el conocimiento, debes «llevarles en tu corazón» mediante el amor.
Interésate por su existencia, por sus problemas, por sus sufrimientos, por sus alegrías.:.., por el diario, por la radio, por el
cine, por la televisión, por las lecturas, por las conferencias,
por los viajes... Ensancha poco a poco tu visión y tu conciencia de hombre hasta abarcar los últimos confines del
Mundo.

- Se mide la grandeza de un hombre por su capacidad de
comunicación.

- Dios es comunidad de personas: Te creó a su Imagen,
es decir, no como individuo aislado, separado, sino como persona invitada a la comunidad, con Él y con toda la Humanidad.

- La Salvación del hombre es una Salvación personal y colectiva. Dios hizo alianza con un «pueblo», fundó una
«Iglesia».

- La Humanidad en el pensamiento de Dios es una familia
de hijos del mismo Padre. El pecado ha «dispersado a los
hijos de los hombres por la faz de la tierra» [1]. Cada hombre
ha de rehacer en él la unidad original de la humanidad; y
seguirá siendo imperfecto mientras uno solo de sus hermanos
permanezca excluido y no pueda llamarse «hermano universal».

- Algunos piensan: Dios es inútil, basta con unirse a todos
los hombres en una inmensa fraternidad. Pero ¿pueden exis-

---

1. Génesis, XI, 8.

tir humanos si no existe padre? y ¿quién puede ser el Padre común sino únicamente el Creador de toda la vida?

Si quieres ser hermano de todos los hombres has de aceptar ser hijo de Dios y vivir y recibir de Él mismo la vida; y serás tanto más hijo cuanto más hermano seas.

- Algunos piensan: basta unirse a Dios sin preocuparse de los hombres. Pero, si quieres ser hijo del Padre, has de aceptar ser hermano de todos los otros hijos. Desde el momento mismo en que rehusas a un hermano, rehusas al Padre, te destruyes, no eres ya el hombre que desea el Padre.

- Si quieres vivir, debes amar a tus hermanos: «Sabemos que hemos pasado de la muerte a la vida porque amamos a nuestros hermanos. Quien no ama sigue en la muerte»[1]. Cuanto más ames a los hombres en extensión y en profundidad, tanto más «pasarás a la vida»; cuanto más te alejes y te separes de ellos, tanto más te destruirás y pasarás «de la vida a la muerte».

- Abrirse a Dios y abrirse a los hombres,
  Hallar a Dios y hallar a los hombres,
  Comulgar con Dios y comulgar con los hombres.
no son operaciones que se excluyen, sino que se completan y se autentifican una a otra.

Desde la Encarnación y la Redención, Cristo ha convertido a la Humanidad en su gran Cuerpo místico:

comulgando al Señor, comulgas a toda la Humanidad, puesto que no puedes recibir la Cabeza sin recibir los miembros;

---

1. Epístola I de san Juan, III, 14.

uniéndote a los hombres encuentras de nuevo al Señor, puesto que no puedes acoger a los miembros sin acoger a la Cabeza.

- Si acuerdas la disminución de tu amor a ti para que aumente tu amor a Dios y tu amor a los hombres, entonces y sólo entonces decides «llegar a ser un hombre».

# EL HOMBRE ATOMIZADO O EL HOMBRE UNIFICADO Y PERSONALIZADO

*En nuestro mundo moderno existe un peligro muy superior a la amenaza de las bombas atómicas; es "la explosión" interior del hombre, su "atomización" sicológica y espiritual. Si el hombre domina cada vez más el universo material, parece que hostigado por las múltiples solicitaciones exteriores se domina cada vez menos. Precisa rehacer su propia síntesis si quiere vivir y obrar.*

– El árbol vive absorbiendo elementos minerales; los asimila siguiendo un plan natural y los eleva a un estado superior: la vida vegetativa.

El animal vive utilizando elementos minerales; integrando luego la vida vegetativa. Coordina las energías inferiores siguiendo el plan ordenador que en él existe, elevándolas a un nivel superior: la vida animal.

El hombre vive utilizando las propiedades de la vida vegetativa y animal, pero las subordina y las transforma, por la razón y la libertad, en vida humana.

Si quieres ser hombre, has de dominar y ordenar tus instintos y tus sensaciones ayudado por tu espíritu.

– Escoge entre humanizarte con la primacía del espíritu y de la conciencia o animalizarte con la primacía del instinto.

En todo pecado hay una derrota del espíritu en provecho del yo inferior; se ha quebrado el orden; el hombre es un poco menos hombre.

- Tu geranio y tu perro son perfectos. Han conseguido inmediatamente su perfección limitada de planta y de animal. Tu grandeza está en formarte a ti mismo. Eres imperfecto, debes colaborar directamente en tu propia creación.

- ¿Qué le ocurriría a la rueda de tu ciclomotor si sus radios no estuviesen unidos en el eje?
No habría rueda.
¿Qué le pasaría al átomo si los electrones quedasen «libres» de su núcleo central?
No habría átomo.
¿En qué se convertiría el hombre si todas sus potencias físicas y espirituales no estuviesen armónicamente reunidas en el eje del «yo»?
No habría hombre.

- El hombre atomizado es aquel cuya sensualidad está exasperada; la emotividad, la sensibilidad, la imaginación, enloquecidas; todas sus potencias indisciplinadas obran sin orientación, buscando cada una por su lado su propia satisfacción, prescindiendo de las leyes del espíritu y del ideal. Es, propiamente hablando, la explosión y la dispersión de lo que constituye el ser profundo del hombre. No hay ya hombre.
Llegar a hombre es re-coger todas las fuerzas, re-ordenarlas en función de su valor respectivo, someterlas al espíritu.

- Si quieres formarte debidamente no te basta jerarquizar los diversos elementos de que estás compuesto [1], sino que tam-

_____

1. Cf. «El hombre en pie», pág. 17.

bién has de unificarlos, en la cúspide, ligándolos a un mismo «yo».

- Es fácil mantener las riendas de un caballo viejo y fatigado.

Es difícil mantener las de un caballo joven y nervioso.

Es todavía más difícil dominar y conducir un atelaje de seis pura-sangre.

...pero si lo dominas, el atelaje te conducirá más rápidamente y más lejos.

No es fácil equilibrar y unificar al hombre moderno. Sus facultades inferiores, con frecuencia anormalmente desarrolladas y víctimas de solicitaciones externas, son difícilmente dominadas por la energía interior; pero, hoy más aún que ayer, quien logra su unidad, logra eficacia y poderío.

- Si quieres dedicarte *enteramente* a la acción,
  Si quieres entregarte *totalmente,*
  Si quieres estar *absolutamente* dispuesto,
  Si quieres amar *con todo tu corazón,*
  Si quieres rezar con *todas tus fuerzas,*
domina perfectamente tu cuerpo, tu corazón, tu espíritu y su desbordante vitalidad; domínate, y podrás exclamar: obro, me entrego, estoy dispuesto, amo, rezo.

- Vivir intensamente es haber re-cogido íntegramente las propias fuerzas, haberlas unificado, haberlas personalizado y derrocharlas todas en el momento presente [1].

- Quien lleva a cabo en sí mismo una poderosa síntesis personal, da ánimo y apacigua.

Para irradiar armonía a tu alrededor, armonízate tú.

---

1. Cf. «Saberse concentrar», pág. 102.

- ¿Pedalearía con ardor el ciclista que no conociera la meta de la carrera?

¿Sería construida la casa si los albañiles no tuviesen el plano de la misma?

¿Cómo quieres armonizar y unificar tú las profundidades de tu ser si no sabes por qué ni cómo?

Es preciso tener en la cabeza y en el corazón un gran plan que canalice y unifique toda tu vida íntima.

- Tu Fidelidad y tu Plan es una persona viva: Jesucristo. Sólo en Él y por Él, re-armonizador del hombre y del Mundo, forjarás tu unidad.

- El pecado ha desequilibrado al hombre. Solamente la Redención, lograda plenamente, puede de nuevo equilibrarle y salvarle.

En tu alma, acoge al Salvador; y por tu alma divinamente habitada, el Amor reagrupará tus potencias, dará unidad a tu ser íntimo. Serás entonces, en Él, no sólo el hombre de pie, no sólo el hombre unificado y personalizado sino también *el hombre divinizado.*

- «Apacigüé y calmé mi alma; como el hijo en el seno de su madre, así está mi alma en mí» [1].

---

1. Salmo 130.

# NO «REHUSAR» SINO «SUBLIMAR»

> *Hemos de amar "con todo nuestro corazón" y "con todas nuestras fuerzas"; es un mandamiento del Señor. Así, pues, ninguna de nuestras potencias interiores puede ser menospreciada y menos aún sofocada. Pero para emplearlas hay que reconocerlas, aceptarlas y dirigirlas.*
>
> *A nuestros contemporáneos les pesa ante todo pechar noblemente con su sensibilidad. O ésta, frustrada, se venga, causando desórdenes; o exasperada y desmandada, desequilibra el juicio y el obrar.*
>
> *La voluntad a la cual parece haberse atribuido un poder demasiado exclusivo, nada puede sin la inteligencia y sobre todo sin el acuerdo íntimo de la sensibilidad.*
>
> *En definitiva, sólo armonizando en Cristo todas las potencias, puede el hombre equilibrarse y forjarse una vida espiritual sana y auténtica.*

- A todos los compartimientos de tu ser [1] corresponden potencias vitales. No debes ahogarlas, puesto que no hay ninguna mala; pero todas están heridas por el pecado; no debes abandonarlas a su propio albur.

- El animal doméstico, si se pierde en la naturaleza, vuelve al estado salvaje.

---

1. Cf. «El hombre en pie», pág. 17.

Abandonadas a su propia iniciativa, tus potencias te conducirían al «estado salvaje».

- El agua se convierte en energía poderosa cuando es embalsada convenientemente.

Se convierte en vivificadora cuando es canalizada para el riego.

Todas tus potencias vitales, recogidas y dirigidas por tu espíritu, pueden ser puestas al servicio de tu ideal y de tu fe.

- Si juzgas que el árbol se encarama demasiado y con severidad lo podas, las ramas de abajo se benefician con un aumento de savia y lo invaden todo.

Si te mutilas «por arriba», tus potencias, abajo, se desarrollarán más.

- Hay que escoger la dirección en la que quieres desarrollarte: ¿hacia arriba o hacia abajo?

- Si rehusas al Dios único, adorarás ídolos.

Si no rindes en ti culto al espíritu, sólo vivirás de sensaciones.

Si te cierras a todo sentimiento, serás presa de los instintos.

- No te sacrifiques:

> para endurecerte,
> para forjar tu voluntad,
> para «llegar a ser alguien»,

puesto que el orgullo rápidamente aprovechará la pausa de tus buenas intenciones, y tus fuerzas frustradas buscarán compensaciones más bajas.

- Algunas actitudes virtuosas son sólo negativas; más vale a veces aspirar a menos rigor externo con mayor limpieza interna.

- No te contentes con cortar el árbol salvaje, injértalo para que dé fruto.

No te contentes con «renunciar a ti mismo»; sublima tus potencias para lograr que crezca en ti el hombre y el cristiano.

- Si renuncias a ti mismo, hazlo por amor.

Si te sacrificas, hazlo para acoger a tus hermanos y a tu Dios.

Si mueres a ti mismo, hazlo para vivir en Cristo.

La muerte sólo sirve para la resurrección.

- Entre tus potencias, la sensibilidad es la que te inquieta [1]. No la menosprecies pues es una riqueza extraordinaria; ella te permite:

> emocionarte ante un bello espectáculo o ante el sufrimiento del prójimo,
>
> vibrar de placer ante una obra artística o con la alegría de un amigo,
>
> entrar fácilmente en contacto con los demás, y comprender en su profundidad las situaciones y las personas,
>
> conocer las poderosas invitaciones del afecto sensible a la entrega.

---

1. «La sensibilidad supone una delicadeza del cuerpo que le permite conmoverse con las más sutiles y más lejanas acciones exteriores... y dejarse invadir en ocasiones por un como tumulto que la conciencia no consigue dominar.» Louis Lavelle, *L'erreur de Narcisse*, pág. 89.

Pero tu sensibilidad y tu inteligencia deben ser dos amigas que caminen juntas para procurarse mutuamente la profundidad y la rectitud que les faltarían si trabajasen solas.

- Si cada vez que te ladra pegas salvajemente a tu perro, en cuanto te vea huirá rápidamente a su caseta.

Si tu sensibilidad se halla siempre atajada, se encerrará en ti y difícilmente lograrás que salga.

- El niño tratado con dureza e injustamente se vuelve mentiroso, cazurro, ladrón. Pega «golpes bajos».

Desconfía de tu sensibilidad; si la brutalizas entrará en la clandestinidad sin renunciar a actuar.

- Condenada a la lucha secreta, tu sensibilidad, o bien:

ahogará la inteligencia y le impedirá juzgar con rectitud [1],

u ofrecerá sus servicios a una mala inclinación de tu temperamento (autoritarismo, voluntad de dominio, violencia, sensualidad...) para reforzarla,

o hará que un día estalle un drama inesperado.

- Por miedo al obstáculo el niño cierra los ojos. Así está seguro un momento, aunque el obstáculo persista.

Si, por miedo, rehusas adquirir conciencia de lo que has sentido, no suprimes con ello tus sensaciones, las «rechazas» sólo.

- La herida que se encubre y no se cuida por fanfarronería o falso pudor, se propaga y se infecta. Hay que examinarla y cuidarla.

---

1. Cf. «El hombre en pie», pág. 17.

Si te sientes «herido» en tu sensibilidad por un reproche, una indelicadeza, una infidelidad, un fracaso...

no te avergüences de tu emoción, pues no es vergonzosa,

no te muestres «duro» negándola, pues no es una debilidad,

no la dejes de lado menospreciándola, pues no deja de tener importancia.

Descubre con franqueza la llaga, busca dónde está la causa de la misma; entonces podrás cuidarla.

- Todo cuanto has «sufrido» --- placer o dolor — está en ti. Tu inteligencia debe lealmente conocerlo, debes aceptarlo en seguida; sólo en estas condiciones podrás rehusar cuanto haya de ser rehusado.

- Mientras el río no vuelve a su cauce, no es posible trabajar sobre la tierra inundada.

Si tu sensibilidad te invade, impedirá tu reflexión, tu juicio y la conducta de toda tu vida, hasta que la «coloques en su lugar».

- Los futbolistas, en el entrenamiento, repiten algunas de las fases jugadas en el partido anterior, para criticarlas.

El educador experto, para formar a su alumno, discute con él su comportamiento en tal o cual circunstancia de su vida.

Si quieres educar tu sensibilidad, has de ver concretamente el lugar que ocupa en tu vida y ejercitarte en darle el que le corresponda.

- Te ha emocionado o acaso trastornado un suceso o una persona. Detente:

mira *objetivamente* el hecho que te atañe y tu primera reacción, prescindiendo de la parte que la
inteligencia y la sensibilidad han tomado en esta
reacción,

*acepta* convencidamente este hecho y esta reacción,
*juzga y decide*, finalmente, la actitud que has de adoptar, en función de tu ideal y de tu fe [1].

- No te contentes con adquirir conciencia de tu vida, con
aceptar las conmociones de tu sensibilidad; ofrécelo todo a
Dios: alegrías, penas y hasta pecados. De este modo no te
destruyes, antes bien transfieres poco a poco toda tu vida a
Dios [2].

- La verdadera vida espiritual no prescinde de la sensibilidad sino que la contiene íntegramente, y orientada por la
inteligencia y purificada por la gracia no es ya obstáculo para
el encuentro con Dios.

- Cristo no vino a destruir tus potencias sino a armonizar-
las y divinizarlas.

- Has de amar a tus hermanos y a tu Dios «con todo tu
corazón, con todas tus fuerzas, con todo tu ser», pero con
todo tu ser divinizado.

- «Pon tus delicias en el Señor y Él te dará cuanto tu corazón desee» [3].

---

1. Si es posible, hágase este «ejercicio» por escrito, dos o tres veces por
semana.
2. Lo extraño en la sensibilidad es que parece ella un fin en el que el
alma descansa; cuando, en realidad, es una conmoción *encaminada a suscitar
un acto del alma...* *Op. cit.*, pág. 91.
3. Salmo 36.

# MUJER

*Algunos hombres desprecian todavía a la mujer. Algunas mujeres lamentan su feminidad y reclaman una "misión" que es sólo una "misión" artificial de lo que ellas creen que constituye los privilegios del hombre. Sí; hombres y mujeres son iguales en dignidad, pero diferentes y complementarios.*

*Es un hecho que el Mundo moderno es un mundo "masculino". La mujer no desempeña en él el papel que le correspondería. Necesita, por una parte, volver a hallar su originalidad con un despliegue de su feminidad; sin esto no puede perfeccionarse ni llenar su misión frente al hombre; necesita, además, ocupar su puesto en la construcción del Mundo. Frente a la preponderancia exigente e invasora de la materia, a ella principalmente compete la responsabilidad de ser testimonio y madre de lo humano.*

- Para un cristiano hay *igualdad absoluta* en la dignidad del hombre y de la mujer:

uno y otra son criaturas de Dios,

uno y otra fueron redimidas por Cristo,

uno y otra son hijos de Dios,

uno y otra están llamados al mismo destino sobrenatural.

- San Pablo nos dice: «... no hay ya judío ni griego, esclavo ni hombre libre: *no hay ya hombre o mujer*, pues *todos sois sólo una persona en Cristo-Jesús*»[1].

- No puedes proclamar, sin distingos: la mujer en su casa y el hombre en la ciudad; puesto que al hombre y a la mujer dijo Dios: «Llenad la tierra y dominadla»[2]. Es a la *pareja humana* a quien dio el Creador el encargo de poblar el mundo y perfeccionar la creación. Por eso la mujer no puede quedar descartada de ninguna actividad humana, en ninguno de sus aspectos.

- Tú no puedes afirmar sin distingos: el hombre y la mujer son iguales, deben dedicarse indistintamente a las mismas tareas; puesto que Dios dijo a la mujer: «*Tendrás hijos* con dolor» y al hombre: «Ganarás el pan con el sudor de tu frente».

El hombre y la mujer tienen
    la misma dignidad,
    la misma tarea,
    el mismo destino sobrenatural,

*pero sus funciones son distintas y complementarias.*

- La mujer se siente más inclinada a acrecentar la Humanidad,

El hombre más inclinado a construir la Humanidad.

La mujer se sitúa principalmente en el terreno de la Comunidad,

El hombre en el terreno de la ciudad;

así lo revela su constitución física y síquica, distinta una de otra, que manifiestan las intenciones de Dios sobre ellos.

---

1. Gálatas, III, 28.
2. Génesis.

- ¿Qué importa la semilla si no hay tierra que la reciba?
¿Qué importa el hombre si no hay mujer que le acoja?
¿Qué importa la mujer si no hay hombre que la fecunde?

- El hombre necesita de la mujer para completarse.
    mantenga, pues, ella su rango de tal, y hágase cada
      día más mujer.

  La mujer necesita del hombre para completarse,
    mantenga, pues, él su rango de hombre y hágase cada
      día más hombre.

- La muchacha «masculinizada», el muchacho «feminizado»

    falsean las relaciones entre jóvenes,
    desequilibran los hogares y hasta a veces los llevan
      al fracaso,
    comprometen la recta construcción del mundo.

- La mujer moderna que se «desnuda», se exhibe, se entrega, marca su decadencia desnaturalizándose.
  Si la mujer quiere cumplir su misión debe ser «misterio» para el hombre.

- Mujer, si sólo das al hombre un cuerpo, no podrás satisfacerle plenamente, no podrás ser amada, puesto que la necesidad que el hombre siente de tu cuerpo es indicio sensible de la necesidad que siente de tu alma.
  Si entregas tu alma, desarrollarás al hombre y te acercarás al amor auténtico. Pero el hombre reclama más, necesita conocer por ti la confesión de la impotencia humana: «No puedo dártelo TODO»; puesto que además de tu cuerpo, además de tu alma, el hombre necesita lo infinito de Dios.
  En Cristo y por Cristo la mujer puede cumplir definitivamente su misión dándolo TODO al hombre y al Mundo.

- Bajo una forma u otra, la mujer ha de unirse siempre con el hombre;

> uno y otra no pueden completarse,
> ni la vida puede florecer,

sin la misión y la cooperación de uno y otra, en el hogar, en la sociedad, en la Iglesia.

- Física o espiritualmente, la mujer debe siempre dar la vida.  Su profunda misión es ser madre.

- La virginidad no es un límite, puesto que la fecundidad del espíritu es superior a la de la carne.

- Espiritualmente, la mujer debe ser siempre virgen, sin tener nada para sí, sin conservar nada para sí, pura hospitalidad y don total de la vida.

- El niño educado con la ausencia del padre o de la madre queda irremediablemente marcado, pero sufre más la ausencia de la madre que la del padre.
El Mundo moderno ha sido construido sin la mujer.  Ha sufrido la ausencia de la madre.  Es inhumano.

- El adolescente descubre que es «alguien» independientemente de los otros.
El adulto que es alguien entre los otros.
La mujer, tras haber descubierto que es alguien para el hombre, ha de descubrir que es alguien para el mundo.  Es la edad adulta de su evolución, su «misión».

- Lo que la mujer es para el hombre en la construcción del hogar, lo ha de ser para la sociedad en la construcción del mundo.

- La mujer es toda cobijo: cobijo del hombre, cobijo del niño, cobijo en el hogar.

En el mundo debe ser la que se acuerda de los hombres, la que presta atención a los hombres, la que escucha sus aspiraciones profundas, más allá de los cuerpos que ha de nutrir.

- La mujer está hecha para la entrega y la redención: se entrega al hombre, se entrega al niño, y su amor está presto a todos los sacrificios con tal de redimir y salvar a quien se pierde.

Ella debe, en el mundo de la eficacia material y también en el de la injusticia y la crueldad, ser testimonio del poder de la ofrenda y del amor redentor.

- La mujer está hecha para «llevar» y dar vida. Ella lleva el don del hombre, el hijo, y sólo llega a su logro pleno en la maternidad.

Ella debe en el mundo actual, reino de la materia todopoderosa, llevar y engendrar «lo humano».

- La mujer es

para el hombre orgulloso, recuerdo incesante de su imperfección,

para el hombre egoísta, invitación constante a superarse.

Ella debe recordar al mundo que sería monstruoso si desdeñara el alma humana y que ni el espíritu mismo podría completarlo si no se acoge al divino.

- El hombre ha de «casarse» con las ideas de la mujer, con sus intuiciones, su dulzura, su gracia, su poder de adaptación... etc.

para «dar vida» a las organizaciones, a las leyes, a los reglamentos... humanos, y «educar» un mundo en el que los hombres puedan desarrollarse y cumplir su destino sobrenatural.

- La misión de la mujer,

está en hacerse consciente de su responsabilidad en la construcción del Mundo,

en aceptar estar presente en él y desempeñar en él su papel, acomodado a todos los planes, económicos, políticos. sociales, desde la célula más insignificante a las más extensas agrupaciones...

De esta manera se perfeccionará el Mundo, cuyo cuidado Dios — desde un principio — hizo el honor de confiar «a la pareja humana».

# SOLTERO O CASADO, SÓLO EL EGOÍSTA
# FRACASA EN SU VIDA

*Pese a una considerable evolución, ¡cuántos sol-
teros creen que por serlo han fracasado en la
vida!* [1] *Algunos celan con embarazo su despecho
y a pesar suyo procuran vengarse de los otros y
de la vida. Otros se ingenian para lograr a toda
costa una existencia agradable, mendigando placeres acomodados a su hambre. Otros, finalmente, resignados, " se deciden", evitan plantearse
problemas, cumplen concienzudamente su deber profesional y si son cristianos buscan, con respeto de
las normas morales y religiosas, una tranquilizadora seguridad o una compensación de su sensibilidad en un misticismo sin vida.*

*A unos y otros, comprendiendo su decepción,
su rebelión, su lucha, sus sufrimientos, hay que
decirles con delicadeza cuán equivocados están.
El celibato no es fracaso sino una invitación a un
logro pleno, pero en un plano distinto del hoga-
reño. Sólo el egoísta es estéril.*

- En tu camino no has encontrado nunca «una alma her-
mana».

---

1. No se trata en este capítulo del celibato inicialmente voluntario ni
del celibato religioso; el primer caso es muy poco frecuente y el segundo
requiere una concienzuda reflexión.

Pedro te amaba; pero sus padres, por razones económicas, impidieron vuestras relaciones.

Desdeñaste a Juan: a tus ojos no era el hombre «perfecto» con que soñaste.

Pablo murió en la guerra.

Absorta en las tareas familiares o por una entrega a una «actividad» mejor o peor entendida, te quedaste en la reserva.

A medida que pasan los años tu soledad resulta más dura.

Ves a los esposos que se besan.

Contemplas a los hijos de tus amigos

y sufres en tu carne y en tu corazón.

¿Qué eres?

Para tus padres, si vives con ellos, una niña:

«¿Cerraste bien la puerta?»
«Tu luz no está todavía apagada»
«Tienes carta; es de fulano.»
«No te peines así.»

Para los que contigo se relacionan eres una «solterona»:

«¡Qué lástima! no encontró *colocación*.»

Para ti misma eres con harta frecuencia una fracasada.

- Es cierto que el hombre solo queda en cierta manera incompleto: «No es bueno que el hombre viva solo.» [1]

Todo hombre, creado a imagen de Dios, está llamado a vivir en comunidad y en unión con otra u otras personas. Está llamado a ser creador en el amor.

Todo hombre debe «casarse».

Todo hombre debe «engendrar»;

Pero son muchos los planes para lograr esta comunidad y esta paternidad.

------

1. Génesis, cap. I. Cf. «Adolescente, para prepararse a amar», pág. 53.

- Hay otra unión, además de la unión física del hombre y la mujer en el matrimonio: «Serán una sola carne:» [1]

la unión espiritual con todos los hombres nace de un corazón amigo y dispuesto;

la unión sobrenatural con toda la humanidad en Cristo nace del amor-caridad hacia todos.

- Hay otra clase de fecundidad, además de la física: la espiritual.

Hay otra clase de fecundidad, además de la espiritual: la sobrenatural en Cristo.

- No eres un «fracasado» porque en tu soltería tengas que lograr tu unidad y tu fecundidad en un plano superior. Estás llamado a un equilibrio y a un desarrollo más difícil pero más profundo y fructífero.

- La vocación de cada uno es para cada uno la mejor y la más bella; pero en sí la virginidad aceptada y más aún la virginidad consagrada son un estado de vida superior al matrimonio [2] pues el cuerpo limita al hombre y únicamente el espíritu le ofrece lo infinito.

- Sólo es estéril quien vive sin amor. El amor es portador y creador de vida siempre.

- ¿Qué importa tu estado en la vida?
Ama y darás vida.

- Ninguna vida puede llegar a su plenitud si no fue plenamente aceptada.

---

1. Gén. Cap. I.
2. Cf. San Pablo: 1.ª a los Corintios, VII, 27 y 33-34; 37-38.

Toda vocación es una respuesta consciente y libre a un ofrecimiento que Dios nos hace.

- Tú no escogiste la soltería; te obligaron las circunstancias. Soportándola con pena no la vives.

Si quieres conocer la alegría de la plenitud y de la fecundidad, has de aceptarla abrazándote a ella líbremente.

- Es la incertidumbre de la vocación lo que te hace sufrir durante mucho tiempo. ¿He de esperar a formar un hogar? ¿debo construir mi vida de soltera?

Ninguna vida está «acabada»: las cualidades de cada uno, los acontecimientos permitidos por Dios orientan la existencia.

- Es en la noche cuando hay que descifrar las cartas de amor del Señor. El más puro lee más de prisa; el más aventajado se equivoca menos en el texto y en la aplicación.

Vive tu vida actual y manténte dispuesto.

- No porque a los jóvenes les guste casarse deben forzosamente hacerlo.

El afecto sensible es una señal que por sí sola no es decisiva.

No porque desees mucho el matrimonio estás forzosamente destinado al mismo; la atracción es sólo un elemento entre otros muchos en la vocación de cada cual.

- Desconfía de tu imaginación. Es fácil, en sueños, construir un hogar. Es fácil, en sueños, la educación de los hijos.

Tu renuncia te parece sobrehumana porque son tus sueños a los que has de renunciar, pues la realidad contradiría a buen seguro tus sueños.

- Ningún hombre conoce su verdadera fecundidad más allá de toda apariencia tranquilizadora.

- No por ser soltera has de renunciar a la plenitud. Plenitud en ser interiormente autónoma.

No tienes derecho, esclavizándote a un deber mal entendido, a someter tu existencia al ritmo de vida de tus padres ancianos.

- Hay ramas que es preciso cortar; lazos que hay que romper.

Tienes miedo de arrojarte a lo desconocido

Temes hacer sufrir

Te espantan mucho las incomprensiones, los llantos, los juicios severos; y con el pretexto del amor filial y de la abnegación disimulas tu debilidad, paralizas tu desenvolvimiento y privas a tus padres de una plenitud a la que tienen derecho. Pese a todas las apariencias les detienes en su marcha.

No amas suficientemente a tus padres. [1]

- Los hombres no crean ni educan a sus hijos para sí sino para los otros y para Dios (sea cual fuere su estado en la vida).

Su misión no está consumada mientras no hayan dado totalmente a sus hijos.

Si por ellos sienten celos, por insignificantes que sean, de los otros (marido, hijos, profesión, entrega... humanidad, Dios) el fracaso es seguro.

No aman suficientemente a sus hijos.

Con tus padres difícilmente podrás aspirar a una verdadera autonomía si externamente no alcanzaste una relativa independencia.

---

1. Conquistar la propia independencia, amar a los padres abnegadamente, ayudar a los suyos a reconocer a sus hijos como personas totalmente autónomas, no quiere, claro está, abandonar a los padres.

Hay que ayudarles materialmente, mimarles, cuidarles si lo necesitan, pero conquistando y guardando la plena libertad interior de hombre cabal.

Dígase lo mismo a los recién casados. Sin embargo, se comprende que a los solteros, particularmente si viven con sus padres, les sea mucho más difícil llegar a esta madurez.

Si te es posible, procúrate una casa distinta, aunque sea
una buhardilla; [1] pon al menos todo tu esfuerzo en conseguir
habitación personal.

- Acaso hayas aceptado conscientemente tu soltería

acaso estés ya en condiciones exteriores que faciliten tu
equilibrio; pero de nada te ha de servir para tu plenitud y para
la fecundidad de tu vida

si te encierras en tu «torre de marfil»,

si te «instalas» en la vida,

si no aceptas el compromiso que en el mundo tienes de
ayudar a tus hermanos.

- Para sacar partido de tu soltería has de sublimar todas
tus potencias; pero sublimarlas no quiere decir

refugiarse en el ensueño,

evadirse en idealismos,

procurarse compensaciones evidentes o sutiles; sino al
contrario: reconocer claramente las propias fuerzas, incluso
si por su vitalidad te inquietan, organizàrlas, concentrarlas
y orientarlas conscientemente «hacia lo alto» para una superior plenitud.

- La soltería no endurece las facultades afectivas; al contrario, exige su crecimiento infinito, ensanchando el corazón
hasta todos los confines del mundo.

- No trates con una sola amiga pues tu sensibilidad se
empobrecería.

No te reúnas sólo con solteros porque limitarías tu desarrollo.

---

1. Es un grave error pensar que el soltero debe forzosamente vivir con
sus padres. Muchas jóvenes han esterilizado así su madurez.

No visites un solo hogar porque podría ser perjudicial, ya que «el espíritu está pronto, pero la carne es débil».

No acudas sólo a un sacerdote, pues os perjudicaríais mutuamente; acoge a todos, comenzando por los más cercanos: esta vecina anciana, esta viuda sin trabajo, estos novios sin vivienda, este adolescente que se busca a sí mismo...

Ábrete de par en par a los problemas del mundo;

comprométete sin miedo a servir a cada hombre en particular: en el comité del barrio, en el sindicato, en un partido político...

- No escurras el bulto: es para ti un deber unir tu vida al destino de tus hermanos.

Si renuncias a un hogar, sea para servir a todos. De este modo,

si dudaste de tus posibilidades, volverás a adquirir confianza en ti;

si te has frenado, te afirmarás más;

si sufriste soledad, te equilibrarán las relaciones, los intercambios, aun con personas de otro sexo:

si se debilitó tu fe, se fortificará y madurará.

- Mujer soltera, el Señor te necesita y te quiere dispuesta a ser madre de lo humano en un mundo inhumano. [1]

- No te «escudes» con una piedad mal entendida; tu amor a Dios sólo sería la búsqueda de una satisfacción personal. [2]

Pero con un mismo esfuerzo abre de par en par tu alma a Dios, a los hombres; y sin trabas, presta y sosegada, conocerás la ALEGRÍA del que se entrega.

---

1. Cf. «Mujer», pág. 39.
2. El apoyo de una agrupación espiritual es un enriquecimiento apetecible.

- Entre las descoyunturas inherentes a toda existencia, ¡déjate conducir por el Espíritu!

Si sabes reconocer tu debilidad

permanecer atenta y pobre
corresponder a Sus invitaciones,

Él te mostrará el camino, a través de cualquier acontecimiento.

Tras un largo recorrido, vuélvete: mira el camino y comprenderás entonces por qué Dios te lo había reservado especialmente para ti; y sin vacilar le dirás entonces: GRACIAS.

# ADOLESCENTE, PARA PREPARARSE A AMAR

*El hombre es grande en todas las fases de su desarrollo; pero de adolescente — en el momento en que todo su ser en eclosión reclama en la noche el perfeccionamiento del hogar — ¿no es especialmente interesante y vulnerable a la vez? Uno de los principales aspectos del drama de la adolescencia es esta hambre de amor que el joven no puede todavía satisfacer eficaz y razonablemente.*

*Esta necesidad es una llamada que impulsa a prepararse; esta espera, el tiempo que se concede para aprender a amar. Hay que explicarlo aún a los jóvenes para iluminar su camino; y acaso también a los adultos, para ayudarles a guiar fraternalmente, en vez de juzgar con severidad " a los jóvenes de hoy".*

— Muchacho o muchacha, no estás en la vida para vivir solo. En el pensamiento eterno de Dios, el hombre y la mujer deben encontrarse y unirse para formar UNO: «No es bueno que el hombre esté solo» (Gén. I).

— Estás llamado a formar parte de una comunidad con todos tus semejantes; pero ninguna de las comunidades que se perpetúan — y ni siquiera la de la amistad — alcanza la profundidad de la unión conyugal.

— El matrimonio es la entrega voluntaria de un ser a otro ser, en el que *todo* el ser de uno se ofrece al otro para completarlo y desarrollarlo, recibiendo el *todo* del otro. De este modo el amor es misterio de unidad.

- Uniéndose uno a otro por el matrimonio, el hombre y la mujer, físicamente se equilibran y se desarrollan; sicológicamente se completan, se acaban y perfeccionan.

- Tan. grande es en el matrimonio *la mutua entrega de los contrayentes, que tiene el poder de conferir la gracia* por voluntad de Cristo. Por el «sí» recíproco ellos mismos se administran el sacramento. Ellos son los ministros; el sacerdote es el testigo.

- La sexualidad afecta al cuerpo y te lo diferencia; pero también al carácter, a la sicología, a todo tu ser. Es, pues, todo el hombre quien pide para ti un complemento.

Tener hambre y desear comer,
Tener sed y desear beber, no es malo; pero eres culpable

si comes y bebes únicamente por tu placer y no para nutrirte y aliviarte,
si comes y bebes más de la cuenta y de modo poco razonable,
hurtando en vez de adquirir con tu trabajo.

Tener hambre tu cuerpo,
Tener hambre tu corazón, no es malo; pero eres culpable

si usas tus fuentes de vida y tus tesoros de ternura para tu placer y de un modo desordenado, contra el plan del Padre.

- Quieres perfeccionar todos los compartimientos de tu ser: cuerpo, corazón, espíritu.

Tus «tentaciones» de adolescente sólo son *en su comienzo* «tentaciones» instintivas para labrar tu unidad y perfeccionarte.

- El niño que empieza a andar intenta apoyarse en todos los muebles que halla.

El hombre deshidratado corre hacia la fuente.

El adolescente insatisfecho procura apasionadamente *tomar* cuanto le falta.

Por su naturaleza, su primer movimiento no puede ser la entrega; necesita un duro esfuerzo para *pasar del gesto de tomar al de dar.*

- Amar no es coger a otro para completarse, sino darse a otro para completarle.

Estarás dispuesto a amar auténticamente cuando tu necesidad y principalmente tu voluntad de dar sean más fuertes que tu necesidad y tu voluntad de tomar.

- El deportista que rehusa entrenarse para arrojarse prematuramente a la competición, muy pronto fracasa y «se estrella».

El pintor, el músico... que se resiste a aprender su «oficio» y quiere inmediatamente crear, se condena a la mediocridad.

El adolescente apresurado que no quiere prepararse a amar e intenta ya amar, se equivoca gravemente, fracasa, y compromete la riqueza y la solidez de su futura unidad.

- Son precisos tres años para preparar un Certificado de Estudios Primarios; ocho o diez para un Doctorado; ¿por qué no aceptar que se requiere mucho tiempo para amar?

- Para construir con más rapidez

puedes prescindir de los fundamentos de tu casa,

puedes colocar el tejado sobre las paredes apenas levantadas,

puedes pintar el enyesado húmedo...

y burlarte de tus amigos que pasan angustias por acabar una
casa firme, grande y bella.

Pero muy pronto la humedad manchará las paredes de
tu morada, baja y pequeña, y la primera tempestad la hará
bambolear o la destruirá.

Si aceptas — por gusto — amores precoces, múltiples y
fáciles, acaso conozcas la ilusión efímera de algún desarrollo
— tejado sobre tus paredes inacabadas, pintura deslumbrante
sobre tu enyesado húmedo — pero te preparas un hogar bam-
boleante, sin vigor y muy pronto ajado.

- Las pasiones sensibles del adolescente no son amor, sino
la turbación del muchacho que descubre la feminidad (no a
una muchacha determinada) y la emoción de la muchacha
que descubre la masculinidad (no a un muchacho determinado). Misteriosa turbación de todo el ser que descubre, primero oscuramente y luego cada vez con mayor claridad, cuanto
le falta para su desarrollo. Quien construye un hogar sobre
esta emoción profunda, construye sobre arena [1]

- El adolescente es un niño que poco a poco recibe de manos de Dios y por medio de sus padres la carga y responsabilidad de su cuerpo, de su corazón, de su inteligencia.

A él corresponde desarrollarles, dominarles, «tomarles a
su cuidado», para llegar a adulto. Entonces podrá lealmente
ofrecerse entero a otro para completarle y aceptarle.

- Amar en un hogar es dar: la inteligencia, el corazón; es
darse.

Adolescente, si dices a una muchacha: te amo; o te equivocas — y es un grave error —; o mientes — y es un odioso

---

1. Rarísimas veces una unión así, llevada a cabo a ciegas, cumple las
condiciones elementales de una sana armonía. Más tarde, el adulto, consciente al fin, sólo podrá con mucha dificultad apechugar con esta unión. Con
mucha frecuencia, los hogares fracasados son hogares formados por jóvenes
física o al menos sicológicamente adolescentes.

abuso de confianza —; puesto que diciendo: te amo, dices:
me entrego; *y para entregarte antes has de poseerte.* ¿Te
posees ya?

- No es malo que se encuentren muchachos y muchachas;
lo malo es que pierdan su tiempo jugando al amor.

- Si la profundidad de una inteligencia te seduce,
   si la claridad de un rostro te ilumina,
   si la armonía de un cuerpo te emociona,
no alargues la mano para coger; utiliza esta fuerza que se
desencadena en ti para prepararte silenciosamente a la entrega y a la aceptación.

- La adolescencia en tu cuerpo y en todo tu ser es la señal
de Dios *para advertirte que es hora de preparar* la realización de tu unidad.

- Entrenarte a amar no es ensayarte muchas veces, sino
respetarte y respetar a todos los demás, para ser capaz de respetar profundamente el cuerpo y la persona de otro,
          es enriquecer todo tu ser para poder enriquecer a
             otro;
          es *conquistarte* para *poderte dar* a otro;
          es olvidarte, para no apoderarte de otro sino ofre-
             certe a otro;
          es abrirte a los demás,
             aceptarles,
             comprenderles,
             relacionarte con ellos,
          para poder así acoger a otro;
          es unirte a Dios, para poderte unir en Dios a otro.

- Adolescente, si quieres acertar en tu amor, apresúrate a
aprender a amar, amando a todos tus hermanos los hombres.

# EL HOMBRE Y SU PEDESTAL

*El drama del hombre moderno radica en la posibilidad que tiene, cada vez más, de poseer los bienes materiales. Olvida la esencia de los mismos y da todo el valor a su posesión. Esta facilidad — tan limitada todavía en muchos, pero aun para éstos, generadora, si no vigilan, de deseos también completamente absorbentes — acumula en el corazón del hombre una insaciable hambre de gozo.*

*Obcecado, engañado, olvida el hombre que su verdadera grandeza no puede consistir en la altura de su pedestal, sino en la profundidad de su alma abierta a lo divino. No crece ya; y menos mal aún, si no queda un día definitivamente aplastado por el peso de su trono efímero.*

- Quieres siempre ser más grande, más poderoso, y para conseguirlo pasas tu vida agitándote, trabajando, luchando para adquirir «bienes».

Si tienes una bicicleta, quieres una «mobylette».

Cuando tienes ya una «mobylette», deseas una moto.

Comprada la moto, sueñas con un «2 HP».

Con tu «2 HP» proyectas ya inscribirte para pedir un «4 HP».

y así siempre en todas tus riquezas materiales cuyas necesidades se vuelven tanto más exigentes, cuanto más las satisfaces.

- Para obtener los «bienes» necesitas dinero.

Si ganas cuatro mil pesetas piensas que «para llegar» necesitas al menos seis mil.

Cuando cobras seis mil, dices que para ir bien, necesitarías ocho mil,

... y si cobrases millones, te parecería «un poco justo», habida cuenta del tren de vida que hay que llevar, del porvenir que hay que preparar... [1]

- El Mundo moderno es tu cómplice. Para él los grandes hombres son los que han adquirido una enorme riqueza, disponen de gran poder o han conseguido una fama de «vedettes».

Para él, los sistemas políticos, las sociedades, las empresas, los cerebros y los brazos son tanto más respetables cuanto más permiten o rinden una mayor «producción».

- Cuando alardeas de intelectualismo, piensas aún en términos de cantidad más que de calidad, de adquisición más que de reflexión, y almacenas imágenes, ideas confeccionadas, juicios prefabricados. Revistas, «digests», documentales... «enriquecen» tus conocimientos y tus impresiones.

- Tienes razón queriendo engrandecerte, pero te equivocas lamentablemente empleando los medios que empleas.

Te construyes un escaño y te subes encima para aparecer más grande.

Añades unos centímetros a tu escaño y crees que ya has crecido...

Pero el poder y la grandeza del hombre no radican en su «haber» sino en su «ser».

---

1. ¿Hay que puntualizar que no adoptamos aquí posición contra los salarios elevados, sino contra el *apego* a los bienes materiales y el *deseo de poseer* siempre más y más?

- ¿Qué importa la altura de tu pedestal?
  ¿Qué importa la altura de tus tacones?
No es «por abajo» por donde podrás crecer, sino hacia el infinito, «por arriba» [1].

- Al niño que desea distraerse, montañas de juguetes serán tan sólo causa de ociosidad y molestia.
   Al aficionado a la música, la más bella colección de instrumentos silenciosos no le aportará alegría alguna.
   El que quiere amar no saciará su hambre con la multiplicidad de las aventuras sentimentales.
   El hombre, que fundamentalmente está por entero tendido hacia el infinito, no colmará el abismo de sus deseos con la acumulación de los bienes materiales.

- Cuanta mayor necesidad sientas de bienestar para vivir feliz, más aumentarán las ocasiones de sentirte insatisfecho y perpetuamente desventurado.

- A fuerza

> de desear los bienes materiales,
> de afanarse por obtenerlos,
> de intentar gozarlos,

el hombre acaba por entrar progresivamente en la incapacidad radical de enfocar su vida hacia una finalidad distinta. Aquí está lo trágico de su destino.
   Se extravió en la encrucijada: *no sabe ya* que hay otra senda. Si alguien viene a decírselo, *no le cree ya.*

- Si te conviertes en esclavo de los bienes materiales, desnaturalizas todas las cosas:

---

1. Cf. «El hombre en pie», pág. 17.

el Estado sólo será para ti el medio de mantener el
orden necesario para la producción y la distribu-
ción de los bienes;

la moral, el medio de regular los derechos de cada
uno para la adquisición de las riquezas,

la religión, el medio de adquirir con más seguridad,

la beneficencia, el medio de tranquilizar tu conciencia aconsejando dar algo de tus bienes.

A los ojos de los hombres, acaso seas un «hombre de
bien»; en realidad, no solamente no te engrandeces sino que
pierdes talla.

- El haber nada añade a tu persona. El haber te hace
«aparecer» pero no «ser».

- Los hombres, uno tras otro,
la humanidad entera,
participan en la perpetua confusión sobre la verdadera grandeza. Sólo cuando hayan renunciado a construir solos «una
ciudad y una torre cuya cima llegue al cielo» [1] podrán esperar alcanzar el infinito.

- Es preciso que te libres de la esclavitud de los bienes materiales.

Has de cambiar tu manera de pensar.

Has de convertirte.

Pasa la mayor parte de su tiempo intentando adquirir
«algo».

Recupera, a todo precio, un poco de tiempo para llegar
a ser «alguien»: detente, reflexiona, admira, ama sin interés, ora.

---

1. Génesis, XI, 4.

- Dices: «No trabajo por mí sino por los hijos; ¡no quiero que lleguen a ser. tan desgraciados como yo!». Si pensando en «su porvenir», sólo ves su situación *material*, yerras. Educar a un hijo es darle el alimento pero también, y principalmente, materia para «ser».

- ¿Quieres preparar el porvenir de tus hijos? Haz que sean hombres.
Si conviertes a tus hijos en hombres, tranquilízate, ellos sabrán adquirir cuanto materialmente haga falta, para seguir siéndolo y para serlo más.

- La riqueza y el poder materiales no son en sí mal alguno; el mal está en creer que son la condición para la verdadera grandeza.

- Al fin y al cabo, poco importa que seas rico; lo que importa es que seas completamente libre en tus riquezas.
San Pablo escribe a los Corintios: «Que quienes compran, vivan como si nada poseyeran; quienes disfrutan del mundo, como si en realidad no disfrutasen de él» [1]

- No se requieren muchos bienes para paralizar a un hombre e impedir que se desarrolle; basta con que los estime por encima del espíritu; le aplastan [2]

- Es preferible que un día pases realmente hambre de pan a que tu alma quede lentamente paralizada, luego sofocada por el peso de tus riquezas.

- Por el simple hecho de ser pobre no dejas de ser, automáticamente, esclavo de las cosas materiales: el sueño, la

---

1. I Corintios, VII, 30-31.
2. Cf. «El hombre en pie», pág. 17.

envidia, los celos, la lucha por obtenerlas (no por hambre de justicia y amor al prójimo, sino por deseo de gozar de ellas egoístamente) son una atadura «espiritual» con el riesgo de revestir tanta gravedad como la otra.

- Para tener la seguridad de que no te atas a los bienes materiales, despréndete, de vez en cuando, voluntariamente de algunos, dándolos.

Si te duele, renueva tu gesto, ya que es señal de que los bienes comienzan a pegársete al alma. Acabarías por confundirlos con «tú mismo».

- Cuanto más desprendido estés de los bienes materiales, tanto más libre serás para alcanzar la verdadera grandeza.

Jesucristo nos dijo que nadie puede servir a un mismo tiempo a dos señores: Dios y Mamón.

- Si quieres ser grande, escoge a Dios.

Tu mísero pedestalito te ofrece algunos centímetros de altura,

Dios te ofrece el infinito.

## EL HOMBRE PERFECTO O DIVINIZADO POR JESUCRISTO

*En el corazón de todo hombre late oculta la nostalgia de la perfección. El deseo es infinito pero los límites son múltiples. Aun suponiendo que el pecado no existiera, y el hombre pudiese formarse acertadamente él solo, armonizar todas sus potencias y domeñarlas, permanecería insatisfecho. En lo íntimo de su ser está la señal de su vocación divina. El Padre quiere convertir a las criaturas en hijos-suyos. La verdadera perfección del hombre no puede ser otra que su transformación total en Cristo, mediante la gracia.*

- ¿Sabes qué es lo que más te atormenta? En tu interior, todas las insatisfacciones, las sacudidas, los conflictos entre:

> lo que deseas y lo que posees,
>
> lo que quisieras ser y lo que eres,
>
> tu hambre de saber y tu Misterio, y los misterios del Mundo,
>
> tu frenesí de felicidad y el sufrimiento bajo todas sus formas,
>
> tu nostalgia de grandeza moral y el mal en ti, alrededor de ti,
>
> tu sed de amor y los fracasos, los límites del amor humano...

Lo que te atormenta es tu imperfección, tu ser incompleto.

- No creas que la satisfacción de tus aspiraciones profundas pueda venirte de algo exterior a ti: sólo Alguien interior, dentro de ti mismo, podrá colmarte [1].

- ¿Sabes qué es lo que más deseas?  Lo infinito:
lo infinito

> de la belleza,
> de la pureza,
> de la justicia,
> de la paz,
> de la verdad,
> del amor,
> de la vida...

y lo infinito te sobrepuja, sobrepuja a todo hombre.  Lo infinito sólo tiene un nombre: DIOS.

Todas las hambres de infinito son en el fondo una sola hambre: el hambre de Jesucristo, ya que Jesucristo «es» la pureza, la verdad, el amor, la vida...

- Es Dios quien puso en ti esta nostalgia de perfección hasta lo infinito.  Desde el fondo de la eternidad es su Amor quien te hace señas.

- «...el Padre de Nuestro Señor Jesucristo nos ha colmado desde lo alto de los cielos con *todas las bendiciones espirituales en Cristo, escogiéndonos en él desde antes de la creación del mundo...*  Él nos ha predestinado en su amor... a ser sus hijos adoptivos en Jesucristo» [2].

Dios, desde siempre, te piensa no sólo hombre sino hombre divinizado.

---

1. Cf. «El hombre y su pedestal», pág. 58.
2. Epístola a los Efesios, I, 3-6.

No te contentes con ser hombre, hijo del hombre, cuando Cristo te ofrece poder ser realmente hijo de Dios.

- En primer lugar tu cristianismo no es

> un conjunto de ritos religiosos,
> una ley moral,
> una doctrina,
> sino una vida.

No eres sólo un practicante sino un VIVIENTE.

- Por naturaleza, has de limitarte a lo humano.
si quieres perfeccionarte según tu deseo y el deseo de Dios,
si quieres desembocar en el Mundo de lo divino,

> es preciso re-nacer, abrazar una sobrenaturaleza y llegar a ser un hombre-nuevo.

- El bautismo es para ti este nuevo nacimiento; te hace penetrar en el misterio de Jesús muerto y luego resucitado. En Él, el Hijo primogénito, llegas a ser hijo; en Él, el Hermano Universal, llegas a ser hermano de todos los hombres.

- El mal, tú lo sabes, es en ti demasiado hondo para poder alcanzarlo y vencerlo definitivamente. Jesucristo lo ha tomado sobre Sí, como también todas tus faltas actuales, y lo ha cambiado todo, lo ha redimido. Pero has de tomar contigo al Redentor. Sólo por Jesucristo Salvador puedes salir incólume del mal [1].

- La cepa y los sarmientos no forman muchas vidas sino una sola.
La cabeza y los miembros no forman muchos hombres, sino uno solo.

---

[1]   Cf. «Confesarse o recibir el sacramento de la Penitencia», pág. 236.

Unido a Jesucristo por la gracia, eres uno con Él y su Cuerpo místico.

- El río no podría correr si rehuyese la fuente.
La luz no podría brillar si rehuyese al sol.
Tú no puedes vivir plenamente si rehuyes a Jesucristo; necesitas que la vida triunfante que circula en Él pase a ti: esta vida se llama la gracia.

- La vida de Cristo penetra tu inteligencia por la gracia de la Fe.
Tú que quieres descubrir tu misterio y el misterio del mundo, puedes de este modo conocer como Dios conoce.
La vida de Cristo penetra tu sensibilidad, tu voluntad, tu corazón, por la gracia de la Caridad.
Tú que quieres amar sin límite puedes de este modo amar con el corazón de Dios.
La vida de Cristo penetra tu acción y todos tus deseos por la gracia de la Esperanza.
Tú que quieres triunfar, puedes acumular todo el Poder de Dios y la certeza de un éxito eterno [1].
La vida de Cristo penetra tu cuerpo para sembrar en él un germen de inmortalidad.
Tú que quieres vivir intensamente, vivirás en Cristo eternamente.
Si te decides a acoger a Jesucristo en todos los «compartimientos de tu ser» [2] poco a poco su Espíritu Santo te transformará por dentro.

- Instituidos por Jesucristo, los Sacramentos son los lugares de privilegiados encuentros con su Gracia. Si rehuyes esas citas, comprometes tu perfección.

---

1. La Fe, la Esperanza y la Caridad son las nuevas «facultades» de tu sobrenaturaleza.
2. «El hombre en pie», pág. 17.

- Jesucristo no te pide sólo que le admires, le imites, ni tan siquiera que seas amigo suyo como los amigos de la tierra; te pide que «te dejes transformar en Él».

- San Pablo había alcanzado su plena madurez de hombre divinizado, cuando decía: «No soy yo quien vivo, es Cristo quien vive en mí».

- La obra de Jesucristo no está acabada. Lo estará:

cuando la gracia haya re-equilibrado y re-armonizado el ser íntimo de todos los hombres [1],

cuando el universo entero esté dominado y re-orientado por el espíritu y por las manos del hombre divinizado,

cuando su Cuerpo místico haya alcanzado su talla cabal, habiendo el amor-caridad reunido a toda la humanidad.

Entonces, el Plan del Padre que consiste en «reunirlo todo en Cristo, las cosas del cielo y de la tierra» se llevará a cabo [2].

- Si escoges a Jesucristo, debes tomar parte en su Misión. Ser cristiano es ser «Cristo-continuado», es involucrarse en la realización del gran Plan del Padre.

- La vida de Cristo en ti transporta toda tu vida:

con tus esfuerzos para convertirte en «hombre de pie» y unirte por el conocimiento y el amor a todos los hombres [3], contribuyes al perfeccionamiento de la Encarnación mística de Jesucristo;

---

1. «El hombre atomizado o el hombre unificado y personalizado», pág. 29.
2. Efesios, I, 10.
3. Cf. «Las dos dimensiones del hombre», pág. 23.

con tus luchas, tus sufrimientos todos, conocidos, aceptados y ofrecidos, colaboras en el perfeccionamiento
de la Redención;

con tu amor, en la intimidad del hogar, y tu trabajo intelectual, manual o artístico, colaboras en el perfeccionamiento de la Creación.

Tú eres, en Cristo, un constructor del Reino.

— Durante toda tu vida tendrás que trabajar en tu perfección y en la perfección del Mundo, pero ni tú ni el Mundo
alcanzaréis vuestra plenitud definitiva en el tiempo.

Sólo «al fin de los tiempos», en Cristo resucitado, todo se
llevará a cabo, cuando nos veamos reunidos, viviendo el amor
eterno al ritmo de la Trinidad.

— Querer perfeccionarte en la tierra sería también limitarse.
Sólo en el cielo lograrás ser perfecto.

Pero para llegar al cielo no hay más que un camino:
*Jesucristo.*

# EL HOMBRE Y SU VIDA

# ¿CUÁNDO, EN FIN, TE ACEPTARÁS?

*Muchos hombres están interiormente paraliza-
dos, atados, y arrastran una vida mezquina y sin
eficacia, porque nunca se han aceptado a sí mismos con sus limitaciones y sus cualidades.*

*Una franca lucidez, un acto leal de ofrenda en
la Fe les libraría de su complejo y les permitiría
ser, al fin, ellos mismos.*

*Sólo así pueden perfeccionar su vida y servir a
los demás.*

- No tienes salud ni instrucción; estás afligido por una enfermedad, eres feo, te sientes molesto por un grave defecto
de carácter... O acaso, tu ambiente familiar no te ha soste-
nido y ayudado, los tuyos no te comprenden, vegetas en tu
trabajo cuando podrías rendir más... En resumen, *estás limitado* por ti, por tu alrededor, y te sientes por ello humillado.
Sé leal: tú no aceptaste jamás estos límites. ¿Pruebas? Con
frecuencia piensas: si tuviese buena salud haría... si hubiese
tenido un padre que me hubiese comprendido... si ... y arrastras contigo una desabrida resignación acompañada a veces
de envidia o de desesperanza. Con frecuencia dices: evidentemente, Fulano hace esto, pero yo... Si tuviese su talento,
su instrucción, su facultad de adaptación... si ... y en tu voz
hay despecho y un poco de rencor contra ti, contra los demás,
contra la vida.

- En tanto no hayas aceptado tus límites nada podrás construir con solidez, porque pasas tu tiempo deseando los instrumentos que están en manos de otros, sin advertir que tú — sí, tú mismo — posees otros, diferentes pero igualmente útiles. No mires ya los de los otros, mira los tuyos, tómalos y trabaja.

- No niegues tus límites: sería desastroso. Negarlos no los suprimes. Si existen, ignorarlos sería darles una fuerza misteriosa de destrucción y de zapa contra tu vida. No los ignores: míralos de frente, sin exagerarlos pero sin minimizarlos tampoco. Si en ellos puedes cambiar algo ¿qué esperas para hacerlo tranquilamente y con constancia? Si nada puedes contra ellos, acéptalos. No se trata de «resignarte» bajando la cabeza sino de decir sí, levantándola. No se trata de dejarse aplastar sino de *soportar* y *ofrecer*.

- Tranquilízate; Dios te mira, y a sus ojos no eres ni menos grande ni menos amado que cualquier otro hombre de entre aquellos a quienes envidias. Pon en Él tu cuidado, tu pena y tu sentimiento... y cree más en su Poder que en tu eficacia.

- En la misma medida en que compruebes, aceptes y ofrezcas tus límites a Dios, descubrirás que tu pobreza se convierte en una inmensa riqueza.

- Tus límites no son únicamente barreras sino también indicaciones de Dios para jalonar tu camino. ¿No hablas bien? ¿no será acaso indicio de que debes sobre todo escuchar? ¿Eres tímido? ¿no debes más bien aceptar que imponerte y arrastrar? ¿No eres intelectual? ¿no te han designado para una ocasión concreta?... etc...

- Reconoce, acepta y ofrece tus limitaciones como también tus cualidades. Posees algunas. No es humildad creerse humanamente el más desprovisto de todos, sino comedia o tontería (a menos que se trate de una enfermedad sicológica).

- Reconocer las dádivas que el Señor nos ha otorgado no es un mal. El orgullo está en creer que las hemos merecido o adquirido por nuestros propios medios.

- El auténtico humilde nada teme, ni siquiera a sí mismo; ni sus cualidades, ni sus límites, ni a los demás, ni las cosas. Teme a Dios.

- Cuando recibes un regalo de un amigo, abres el paquete, lo miras, admiras y agradeces. El Padre del Cielo te ha hecho muchos regalos. Con frecuencia ni osas mirarlos ni gozarlos en ellos. Alardeas de virtuoso y ni siquiera eres cortés.

- Los regalos del Padre no son para tu uso personal. Son para los otros y para Él. Cuanto más hayas recibido en ser y en haber, más responsable eres. De modo que si algo hay que temer no es el reconocimiento de tus cualidades sino el no emplearlas.

- Acéptate tal cual eres, pero acéptate así, hasta ante el prójimo. ¿Por qué temes a tu patrono, a tu obrero, al hombre más inteligente que tú, a quien habla mejor que tú, que «conoce mejor el asunto»? ¿Por qué te impresiona éste? ¿Por qué eres tímido o te paraliza un «complejo de inferioridad»? Porque no has aceptado ser tú mismo ante otro y temes su opinión.

Si temes a otro piensa que también él quedará impresionado ante ti viendo que aceptas ser tú mismo, pues todo hombre es limitado en presencia de otro, y que cada uno es uno mismo y no puede ser otro.

- No desees vivir la vida de otros; no se te acomoda. El Padre nos hizo a cada uno una vida a la medida; endosarnos la de otros sería un error, como si quisieras enfundarte el traje de tu amigo so pretexto de que a él le ajustaba perfectamente.

- No te inquietes por el juicio de otro; aceptará tus límites si tú los reconoces. Lo que no ha de perdonarte es ver en ti a alguien que pasa vergüenza o miedo y pretende engañarle queriendo aparecer como no es en realidad. Di: no sé; no tengo fuerza, no comprendo... Y harás un favor al otro ya que los hombres necesitan interlocutores que reconozcan sus límites para reconocer ellos los suyos propios.

- Sé tu mismo. Los otros te necesitan tal cual el Señor ha querido que fueses. No tienes derecho a disfrazarte, a representar una comedia, puesto que sería un robo a los otros. Dite a ti mismo: voy a llevarle algo, puesto que jamás se encontró con alguien como yo, y jamás lo encontrará, puesto que soy un ejemplar único salido de las manos de Dios.

- En cierto sentido, somos incompletos. Son todos los hombres reunidos los que forman la humanidad y, en Cristo, el Cuerpo místico. Tus límites son una invitación a la unión con todos los demás, en el amor.

- Alimenta un solo deseo: ser plenamente, sin enmiendas, aquel que Dios desea que seas... y serás perfecto.

## ACOGER LA ALEGRÍA

> *Todos los hombres quieren ser felices. La historia de la humanidad es la larga y penosa aventura de los hombres en busca de la felicidad. Pero ésta no se deja apresar tan fácilmente. En el instante mismo en que el hombre cree haberla conseguido, ve su término; la ve morir entre sus manos y sueña ya en conseguir otra.*
>
> *El hombre está en un callejón sin salida; o, ciego, busca donde no ha de encontrar jamás lo que busca; o se resigna y decide disfrutar de los placeres del momento; o acaso, descorazonado, piensa que la felicidad es un espejismo.*
>
> *Sin embargo, existe la verdadera felicidad. Tú puedes hallarla.*

- Luchas, te apenas, te peleas por conseguir la felicidad; te pareces al corredor que quisiera ganar una carrera sin conocer su meta. Detente, antes, y busca tu camino.

-Todo tu ser tiende enteramente a la felicidad. Es Dios quien ha encendido en el corazón de todo hombre esta hambre y esta sed. Estás hecho para la felicidad y esta llamada es en ti la invitación de Dios que te llega del fondo de la eternidad. Si quieres, serás feliz, puesto que Dios no siembra si no quiere la cosecha. Escucha y di: gracias.

- Hay placer y alegría. El placer es la felicidad del cuerpo; la alegría es la felicidad del alma. No te contentes con los placeres, pues no te saciarán nunca.

- Estás triste cuando te sientes zamarreado por el hambre del placer; y cuanto más comes, más hambre sientes y más triste estás. Por eso, si corres exclusivamente tras los placeres, te condenas a la tristeza.

- El placer vive un instante y muere; de ahí el gusto de muerte que sientes cuando de él te alimentas.
    La alegría es espiritual, no puede morir. Acógela y gustarás sabor de eternidad.

- Frente a las dificultades de la vida, pruebas, sufrimientos, muerte, tienes derecho a llorar; pero, aun en pleno llanto, no tienes nunca el derecho de divorciarte de la alegría. El placer, en efecto, no puede hallarse donde vive el sufrimiento; en cambio la alegría puede desposarse con los mayores dolores.

- El placer no es un mal a menos que lo procures como fin. Puedes saborear los que Dios te ofrece para alegrar tu camino y ayudarte a caminar; pero si te detienes para buscarlos tú mismo, para ti mismo; en aquel mismo instante la alegría se desvanece.

- El camino de tu felicidad no arranca de las personas o de las cosas para llegar a ti; arranca siempre de ti hacia los otros.

- Estás triste. ¿Por qué? Nadie advirtió tu trabajo, tu éxito, tus esfuerzos. Tienes algo por decir y no se te escucha, no se te ama. Pide a Dios perdón por tu tristeza y presta luego atención a los demás. Pregúntales cosas, escúchales, interésate por su trabajo, admira sus cualidades, comprueba sus méritos... y los demás, sin darse cuenta, te librarán de tu pena y te ofrecerán la alegría.

- ¿Por qué hoy no estás jovial? Lo ignoras. Ofrece al Señor tu fatiga, tu cansancio y estas antiguas preocupaciones, archivos sin catalogar que se corrompen en el fondo de tu corazón. Y luego sonríe a los otros. Sonríe a tu mujer, a tu hermano, al vecino, al colega; sonríe a la portera, al comerciante... sonríe, sonríe... y tu sonrisa hará señas a la alegría que se había alejado.

- La alegría comienza en el instante mismo en que tú cesas en la búsqueda de tu propia felicidad para procurar la de los otros.
Así pues, si estás triste, detente y busca la causa de tu tristeza; hallarás siempre en el fondo de tu corazón el rastro de un retorno a ti. Rehúsalo. Da a Dios lo que celosamente guardabas; olvídate luego de ti mismo y piensa en tu prójimo más cercano.

- El drama del hombre es el de sentirse limitado en sus medios e infinito en sus deseos; por eso tú no puedes, en lo humano, ser plenamente feliz. Sólo Dios puede llenarte.

- En el corazón del hombre inquieto, el hambre de felicidad es sólo el hambre de Dios. Desventurados los satisfechos que, empachados de placeres, ahogaron lo infinito de sus deseos. Bienaventurados, por el contrario, quienes han todavía hambre.

- La alegría florece en la cúspide de la entrega pero la entrega exige el olvido de sí, la muerte a sí mismo. De esta manera, la alegría es la vida reencontrada en el momento en que se había aceptado perderla.

En Cristo y por Cristo, el misterio de la ALEGRÍA es el misterio de la resurrección.

- ¿Hasta dónde has llegado en tu amistad con Cristo? Es la firmeza de estos lazos. la que marca la vitalidad de tu alegría.

- En Dios sólo hay ALEGRÍA, puesto que en Él sólo hay entrega. Dios es ALEGRÍA; si te entregas a Dios, te entregas a la ALEGRÍA.

# LAS PREOCUPACIONES QUE MATAN

*El hombre está " acribillado de preocupaciones".*
*Siendo inmenso, siendo infinito, siempre queda en*
*él lugar para almacenarlas. Hay preocupaciones*
*que son malas por naturaleza: hay que eliminar-*
*las. Hay verdaderas preocupaciones nobles, pero*
*el hombre es harto débil para poderlas soportar y*
*más débil aún para poderlas aquietar. Las pre-*
*ocupaciones matan al hombre; si quiere vivir y*
*vivir bien, es preciso que las entregue para que*
*se las lleven. " Alguien" le espera.*

- Te duele el hígado... te «fabricas bilis»,
Te duele la cabeza,
Tienes un ataque de asma,
Tienes una úlcera en el estómago,
    o acaso
Tus cabellos encanecen,
Tu rostro se arruga,
    o quizás
Estás cansado y triste: «¡Cuántas preocupaciones!»
—«Estoy abrumado». — «No podré nunca vivir tranquilo»,

y arrastras un pobre cuerpo, siempre canijo y dolorido, un
corazón vendado que vive porque hay que vivir, pero que no
conoce la alegría y la paz.

¿No será en gran parte que te preocupan demasiado las cosas ingratas, que cada día recoges o has almacenado desde años atrás, y te roen, te consumen, te deterioran silenciosa pero implacablemente?

- Lo que te desmorona no son sólo los golpes que recibes del exterior sino lo malo que encierras en ti y se mueve, fermenta, se pudre,

>  la envidia que te corroe, la que confiesas con franqueza o la que se arrastra por debajo de tus tristezas, tus enojos, tus palabras, tu mutismo,
>
>  el despecho por no lucirte, por no destacar, por no ser preferido,
>
>  el miedo frente a tal persona, acontecimiento, tentación; miedo de no gustar, miedo de fallar, miedo de faltar...
>
>  la cólera y la venganza: me las pagará, ya me compensaré, ya llevaré el gato al agua; ¡si estuviese en mi mano!...
>
>  las dudas: no lo conseguiré, es imposible, demasiado difícil para mí, no me comprenderá.
>
>  las lamentaciones del pasado: si hubiese sabido, si pudiese de nuevo comenzar, nunca podré consolarme,
>
>  ...las mentiras, los rencores, las críticas destructivas, las murmuraciones, las calumnias, las envidias... y todo lo demás; esa malicia que destilan cada día tus palabras, tus sonrisas, tus suspiros, tus encogimientos de hombros o tus hábiles maniobras. Esta malicia que da vueltas a tu alrededor o brota en ti, pero te hiere antes de herir a los demás.

- Tu corazón es inmenso pero está atestado como un desván en desorden. Las generaciones pasadas arrinconaron en él sus antiguallas (del mismo modo que te legaron sus bellos muebles) y tú apeñuscas allí futesas y basuras. Colocas también allí objetos apreciados de los que quieres servirte de nuevo... pero que te ves obligado a disimular...; el gusto de esa pasión, la satisfacción de esa venganza, el placer orgulloso de ese éxito brillante... ¿No te das con frecuencia un paseo por el desván de tus recuerdos para encontrar allí lo que debieras ya haber arrojado?

- Existen las «preocupaciones» y el mal que descubres en ti, que ves, tocas, nombras.

Existe también, lo que se te escapó, lo que desapareció de tu vista. Existe en fin lo que has pisoteado para olvidar y juzgas absolutamente muerto para siempre.

Te equivocas. *Todo cuanto está en ti, vive.* Vive cuando piensas en ello y vive cuando en ello no piensas; vive de día, vive de noche, cuando duermes. *Y todo cuanto en ti vive y es malo, te perjudica.*

No es posible. Este antiguo rencor, este sufrimiento de mi sensibilidad dolorida: incomprensión, desdén, abandono, menosprecio; este desengaño en mis asuntos, en mis relaciones, en mi hogar...; esta prueba, esta falta... pertenece al pasado, está enterrada, no la recordemos ya. Existe todavía y aun cuando ya haya muerto, ha quedado su cadáver y su tufo sigue en ti.

- El ratón aplastado en tu alacena no te envenenará ya cuando lo hayas retirado.

El clavo en el neumático de tu «mobylette» no atravesará ya tu cámara de aire cuando lo hayas retirado.

El cúmulo de tus preocupaciones de ayer y de anteayer, las pequeñas y las grandes, las legítimas y las ilegítimas, no te derribará ya... cuando lo hayas retirado.

- Existen falsas preocupaciones, pidiendo perdón por ellas; y existen preocupaciones lícitas: ¡las del pan que hay que comprar, el porvenir que hay que preparar, la educación que hay que dar, la justicia y la paz que hay que ganar, los hombres que hay que amar, el Mundo que hay que salvar! Estas innumerables preocupaciones, acuñadas diariamente en múltiples cuestiones de amor. que te atosigan, te apremian, a cada instante, a cada encuentro, en cada gesto; estas preocupaciones, al menos, ¿hay que aceptarlas y soportarlas?

— No; tú eres harto débil. Dalas a otro para que las lleve.

— ¡Pero así no hago nada!

— Sí; das.

— ¡Es demasiado fácil!

— No; es muy duro ser un auténtico muchacho y no guardar nada para sí, darlo siempre todo — hasta las alegrías — al Otro, para que las lleve; es muy duro caminar al lado de Él y darle siempre la mano y convertirse en uno tan pequeño, tan simple, tan humilde, que acepta al fin «dejarse llevar».

— Pobre «viejo», ¿cuándo comprenderás que NADA puedes soportar — ni a ti mismo siquiera — sin ÉL?

# EL DESPREOCUPADO

*Si no queremos " gastarnos" prematuramente es preciso vivir sin preocupación. Pero las dificultades de la vida nos asaltan, nos acometen desde fuera, nos tambalean; penetran en nosotros y hostigan nuestro espíritu y nuestro corazón. No podremos resistir largo tiempo ni triunfar de los obstáculos si no sabemos ofrecer inmediata y sinceramente nuestras dificultades al Señor. Es un largo aprendizaje de abandono el que hemos de hacer para cambiar a cada momento de nuestra vida, nuestra impotencia humana por la omnipotencia divina. Al final de esta renuncia florece, infaliblemente, la paz y el éxito en Dios.*

- No se coloca ropa sucia en la banasta de la ropa limpia. No se deja una fruta podrida en el cesto de las frutas frescas.

Si quieres vivir en paz, puro y fuerte siempre, no guardes nunca en ti una sola preocupación — pasada, presente o futura — pues *lo que está encerrado fermenta.*

- Tu preocupación: no se trata de empeñar todo el esfuerzo en olvidarla, pisotearla, negarla. Aplastada, acaso esté quieta un momento, pero un día se agitará de nuevo, pues no está muerta. Al contrario, mírala de frente, desmenúzala examinando su origen, sus razones de subsistir; pero prohíbete

permanecer a solas con ella y, más aún, luchar contra ella.
Cógela y dásela al Señor.

- No quedarás libre del yugo, de la noche a la mañana; te
convendrá, antes, examinar fielmente la verdad de tu abandono y renovar tu entrega hasta que sea perfecta. Pero si
decides no guardar, ni por un momento, una sola preocupación dentro de ti y «vaciar inmediatamente tu corazón» en
Dios, serás libre y fuerte con la fuerza infinita del Señor.

- ¿Es el pasado, acaso, lo que te atormenta? Tal o cual
falta... ¿Por qué? Ya no está en tus manos. El remordimiento es malo, oculta despecho, vanidad herida, orgullo.
Sólo es lícito el arrepentimiento, cuando es fruto del amor;
pero el amor, cuando se ha nutrido de perdón, mira adelante.
   Has dado la falta, da también el remordimiento y hasta
el arrepentimiento... Te paralizan.

- ¿Es acaso el porvenir lo que te preocupa? Temes la jornada de mañana, tal entrevista, tal trabajo, tal tentación...
¿Por qué? El futuro no está todavía en tus manos, no te
dejes gastar de antemano por él. Da a Dios el porvenir, al
pormayor y al pormenor, y *vive el momento presente*.

- ¿Es el presente quizás lo que te inquieta? Los obstáculos
te espantan... ¿Por qué? Nada son en sí; la manera de
abordarlos es lo que importa.
   Te encuentras frente a una pared ¿por qué dar de cabeza
indefinidamente contra ella? Mírala con calma, mídela: es
firme, demasiado alta e infranqueable. *Acéptala*. Ofrece
el obstáculo a Dios, *ofrece tu decepción* al no poder salir airoso y... toma otro camino.

- Algunos recargan su automóvil, moderan su marcha, gastan prematuramente el motor y deterioran la carrocería.

¿Y tú? Puedes soportar el peso de tu jornada; el Señor te la regala, pero tú no debes añadir a ella el peso de ayer y el de mañana. Para el exceso de carga no se te da gracia...

- Esta vez no queda otro camino; hay que aceptar la dificultad: es una enfermedad, un defecto, una visita, un trabajo... el fin de mes «no solucionado», la educación de los hijos, una acción que hay que llevar a cabo, una decisión que hay que tomar... *No emprendas inmediatamente la lucha,* agarra el obstáculo y *dalo al Señor* completamente, totalmente, con la preocupación que te ocasione: ¿llegaré? ¿cómo saldré del atolladero? ¿qué solución adoptar? con tu timidez o tu miedo o tu cólera; con tu humillación o las reacciones de cuantos te rodean; cuanto digan, cuanto dirán; *dalo todo* fielmente, con perseverancia. Al cabo de un minuto, si hay que obrar inmediatamente; y al final del día o de la semana, si la actuación es a largo plazo, vuelve a decidir y a obrar con Dios. Advertirás que la dificultad es más simple de lo que pensabas, el obstáculo menos difícil, pues Dios es clarividente y poderoso, ¡mucho más clarividente y poderoso que tú!

- Dices a Dios que confías en Él ¡y te pasas el tiempo probándole lo contrario, preocupándote!

- Si el hombre con frecuencia es interiormente infeliz, si fracasa en su vida, es porque quiere vivir a su manera, conforme a las maneras humanas, y contando con sus propias fuerzas. Desde el momento en que presenta su dimisión, dejándolo todo en manos de Dios, Dios por él pone manos a la obra: el éxito (no precisamente el éxito humano) es seguro y total. El niño que quiere llevar demasiadas cosas se cansa, cae y se lastima; si acepta ser niño, el Padre le lleva la carga y hasta le lleva a él en brazos.

- El Señor no ha de llevar por fuerza el fardo de tus preocupaciones, tus instrumentos de construcción, tus armas de lucha, tu obra pendiente.

Está allí, presente en toda tu vida, pero discreto, esperando que le encomiendes tú mismo una molestia, que le confíes una tarea. ¿Por qué guardar tanto trabajo para ti? ¿Por qué luchar pidiéndole que «te ayude»? ¿Por qué no encomendárselo TODO para que lo haga, y tu corazón y tus manos para que Él mismo se sirva de ellos?

- Antes de dormirse en la noche de la muerte, Cristo en el Calvario dijo al Padre: «En tus manos encomiendo mi espíritu», espíritu cargado con todos los pecados, con todos los sufrimientos, con todas las «preocupaciones» del Mundo; el Padre, tres días después, le dio una vida completamente nueva, gloriosa, luminosa... ¡Pascua de Resurrección!

Acepta morir cada noche a todas tus preocupaciones, a todos tus cuidados, legítimos o no. Humildemente, ponlo todo en manos del Padre para despertar cada mañana vacío de inquietud, nuevo, puro frente a la vida que te espera. «En tus manos, Señor, encomiendo mi espíritu; Tú me librarás, Dios fiel» [1].   «Apenas me acuesto, en paz me duermo, pues Tú sólo, Señor, me das seguridad» [2].

- Si quieres vivir libre,

>          joven,
>          alegre,
>          en paz,
>          fuerte y triunfante,

cada día, cada momento, «Arroja tu inquietud en manos del Señor, y Él te sostendrá» [3].

---

1. Salmo 30.
2. Salmo 4.
3. Salmo 54.

# ¡SER LIBRE!

*¿Cuándo podré ser libre?, suspira un adolescente. Dadnos pan y libertad, reclama el proletario; y para conquistar o defender esta libertad está presto a luchar y hasta a dar su vida. Cuando el hombre quiere castigar a sus semejantes les priva de libertad. Pero para muchos ¿qué es la libertad sino únicamente la liberación de toda sujeción, la posibilidad que se le brinda de hacer cualquier cosa, donde sea, cuando sea? Esto es una caricatura de la verdadera libertad espiritual.*

*Ser auténticamente libre supone — además de la ausencia de todas las sujeciones físicas — un total despego de sí mismo a cambio de un apego superior. Hay que conquistar "la propia" libertad.*

*La libertad humana es siempre limitada; sólo puede desenvolverse plenamente en lo sobrenatural. Sólo Dios es enteramente libre. En la tierra, el hombre más libre es quien más se acerca a Dios, quien más unido está a Él, el más Santo.*

- La libertad es el más bello regalo de Dios al hombre, el que le ha costado más caro: los sufrimientos y la muerte de su Hijo.

Por amor y para el amor, Dios quiere al hombre auténticamente libre.

- La mayoría de los hombres se creen libres cúando pueden decir: «hago cuanto me viene en gana»; es decir:

no llevo esposas en las manos, no me ata ninguna
    sujeción física;
puedo satisfacer todos mis impulsos, mis instintos,
    nadie ni nada me lo impide.

Esta «libertad» es la del animal salvaje pero no la del
hombre y menos la del hijo de Dios.

- Aunque estés tendido en un lecho, completamente para-
    lizado,
    aunque estés prisionero en lo profundo de una celda de
        condenado,
si quieres, puedes permanecer libre, pues tu libertad de hombre no está al nivel de tu cuerpo sino al de tu espíritu.

- Salvo si se te reduce al estado de la inconsciencia — y
entonces tú no te comportas como hombre — nada ni nadie
puede arrebatarte la libertad, puesto que nada ni nadie puede
aprisionar tu espíritu.

- Tú, sólo tú, con la complicidad de los otros y de las cosas, limitas tu libertad. Si quieres ser libre has de luchar
contra ti, has de *conquistar «tu» libertad.*

- Si dices:

¡no es culpa mía, es mi temperamento!
¡no puedo prescindir de él!
¡me equivoco pero no cedo!
¡inútil trabajar, me ilusiono en vano! ¡Es más po-
    deroso que yo!
¿por qué pienso de esta manera? ¡Todo el mundo
    lo dice!
¡a éste, no puedo verle!
¡no quería hacerlo; resistí en vano!

no eres libre sino esclavo.  Esclavo de ti, de tu pasado, de tu ambiente, de las cosas, etc...

- Humanamente no eres libre en tanto no hayas construido en ti al hombre de pie, sometiendo a tu espíritu tu cuerpo, tu sensibilidad, tu imaginación [1].

- La barca no puede bogar si una sola amarra la ata a la orilla.

El globo «cautivo» no es libre de volar si un solo hilo lo mantiene sujeto.

No serás «libre» mientras estés aún atado a una sola cosa o a una sola persona, con un lazo incontrolado.

- No son las cosas las que se atan a ti sino tú quien te atas a las cosas.  Te entregas a ellas como esclavo.
- Cuantos más
      juguetes tengas en tus cajones
      «negocios» en tu oficina
      mantelería en tu armario
      discos en tu discoteca
      caballos en tu coche
      dineros en tu cartera
      ...
más difícil te será ser libre, porque tendrás más ocasiones de estar «sujeto».

- Despegarte es volverte libre.

- Ser libre no es ser indiferente.  Es natural que disfrutes, sientas, pruebes, te alegres ante las cosas y ante los hombres; pero es preciso que todas las atracciones, los gozos o los sufrimientos, no nublen tu razón en la elección del camino ni constriñan tu voluntad en la decisión de seguirlo.

---

1.  Cf. «El hombre en pie», pág. 17.

¿De qué sirven tus pies ágiles si no sabes a dónde dirigir tus pasos?

¿De qué te sirven tus materiales si no sabes qué casa construir?

¿De qué sirven tus riquezas de amor si no sabes a quién darlas?

¿De qué sirven tus victorias sobre tu herencia, tu subconsciente, tu inconsciente, tus hábitos; tu señorío interior y exterior; de qué sirve tu dominio de ti, tu disposición, tu libertad total, si no sabes en qué dirección encaminar esta libertad conquistada?

— Si eres libre para... cualquier cosa, no eres verdaderamente libre sino condenado a la indecisión, a la inconstancia y a la angustia.

— La verdadera libertad es la posibilidad que tienes, una vez despegado y señor de ti, *de escoger y seguir siempre sin error y sin pasos en falso, el camino del* BIEN.

— Si quieres ser auténticamente libre has de reconocer el Plan de Dios en el Mundo, el deseo infinito del Padre sobre ti; te es preciso, una vez reunido, re-cogido, dispuesto, adherirte a él con un sí de amor que es un sí de esponsales con Jesucristo.

— Si te sometes a la voluntad de tu instinto, tienes una «libertad» de animal.

Si te sometes a la voluntad de tu sensibilidad, de tu imaginación, de tu espíritu, de tu orgullo, de tu egoísmo... tienes una libertad de hombre inficionado y limitado por el pecado.

Si te sometes a la voluntad de Dios, tienes una libertad de hombre divinizado, una libertad de *hijo de Dios*.

— La cualidad de tu libertad aumenta con la cualidad de la voluntad a la que te adhieres.

- Tu capacidad de adhesión a la Voluntad del Padre mide tu grado de libertad.

- Las caricaturas de la libertad — independencia, posibilidad de satisfacer todos los instintos, los deseos o los caprichos — son obstaculizadas por la obediencia.

La verdadera libertad se desenvuelve en la obediencia a Dios, por medio de la Iglesia, de los superiores, del deber de cada día, de los acontecimientos.

- La obediencia auténtica supone la verdadera libertad; pero la verdadera libertad se nutre de obediencia.

- Si eres auténticamente libre, en Cristo, nada podrá ya detenerte, pues la verdadera libertad te permite apoderarte de las sujeciones legítimas y transformar además las ilegítimas y los obstáculos inevitables, con otros tantos medios para alcanzar tu FIN.

- Mostrándose obediente hasta la muerte Jesucristo ganó para ti la verdadera libertad.

Muriendo con Él el pecado te libras de la esclavitud y resucitas con Él a la Vida libre.

- En el bautismo recibiste el germen de la libertad.

Por el sacramento de la penitencia, sumergiéndote de nuevo en la gracia bautismal, recobras la libertad.

Cada vez que renuncias al pecado, cada vez que rompes los lazos de todo cuanto te «ata», para unirte a Jesucristo, desarrollas en ti la verdadera libertad.

- Serás definitivamente libre cuando en el amor te hayas definitivamente desposado con tu Libertador.

# CONSEJOS DE BELLEZA

*¡Cuántos hombres... cuántas mujeres están preocupados por su belleza! Si es preocupación, es legítima; si es obsesión, anormal. Se equivocan, principalmente, de un modo absoluto, en la naturaleza de los cuidados que han de poner en el embellecimiento de su cuerpo. Todos los esfuerzos que se procuran del exterior para destacar, rectificar, aumentar la armonía y la gracia del cuerpo y especialmente del rostro, dan sólo un resultado muy exiguo. La auténtica belleza proviene de dentro, nace del espíritu y se despliega con la irradiación del alma divinizada. Esta belleza atrae y tonifica a quienes la contemplan.*

- ¿Qué «rouge» utilizas tú para tus labios, qué champú para tus cabellos? ¿Prefieres que te corten el pelo con navaja? ¿Perdiste peso? ¿Mejoras tu línea? ¿Cuál es el color que mejor se te acomoda?...

Tienes derecho a preguntarte todo esto, sin obsesiones; pero si quieres ser bello, has de buscar en otra parte tratamientos de belleza más eficaces.

- Bueno es tener bellos platos a tu disposición; pero ¿de qué sirve el plato si está vacío?

Bueno es poseer un buen marco para tu cuadro; pero ¿de qué sirve el marco si no hay cuadro?

Bueno es adornar la sala con una lámpara magnífica; pero ¿de qué sirve la lámpara si no hay luz?

Si Dios te dio un cuerpo proporcionado, un rostro bello, dale gracias; pero ¿de qué sirve tu cuerpo sin espíritu?

- Tu cuerpo es tu casa; eres su propietario, pero eres responsable de él ante Dios. No te limites a blanquearla, cuida además su interior, puesto que la mirada del Señor penetra más allá de las fachadas.

Haz cuanto convenga para conservar la limpieza y la belleza de tu cuerpo, pero hazlo para ser grato a los demás, para ofrecerles la seguridad de una fuerza pacífica, la gracia de la frescura.

- Cuanto más bello es el camino, más poderosa es la tentación de sentarse para disfrutar del paisaje, olvidando la finalidad del viaje.

La belleza de un cuerpo es un camino para llegar a la belleza del alma y por la belleza del alma a Dios. No te detengas en el camino, fallarías en lo esencial.

- La película de una foto en color es espléndida, cuando la luz la atraviesa; revelada sobre papel, desengaña, pues su viveza se extinguió.

Del mismo modo, la belleza se mide por la intensidad de espíritu que penetra la materia. Cuanto más profunda es la captación, más irradia la materia.

- Dices: hay manos
    de violento,
    de avaro,
    de artista, de sensible.

Hay rostros de idiota,
    rostros francos y «de Judas»,

abiertos y herméticos,
odiosos y respirando bondad...

Tienes razón: los cuerpos, las manos, los rostros son indicio del espíritu para quien los sabe interpretar; ofrecen la viva descripción de las almas [1].

- Nadie puede escapar al extraordinario poder «moldeador» de sus propios pensamientos, de sus emociones, de toda su vida interior, puesto que el alma es la forma del compuesto humano y da forma a la carne, como el genio del artista inspira su obra y guía su mano.
De grado o a tu pesar, tienes el rostro de tu alma.

- En el cielo, nuestro cuerpo transfigurado tendrá sin mengua la belleza de nuestra alma.

- El candor del niño atrae siempre, sean los que sean los harapos o los brocados que le vistan; pero es una belleza fácil, es la belleza de las almas nuevas.
La belleza del anciano es siempre impresionante y tranquila, porque es la auténtica belleza que un alma irradia a través de la carne marchita.

- Si cuidas en ti la belleza «animal», lograrás una belleza limitada y tristemente vulnerable. Si engrandeces y embelleces tu alma, tu belleza de hombre podrá acrecentarse hasta lo infinito.

---

1. «... nuestra forma representa nuestros hábitos sicológicos y hasta nuestros pensamientos habituales. La forma del rostro, la de la boca, la de las mejillas, la de los párpados, y las de cada parte del rostro vienen determinadas por el estado habitual de los músculos planos, que se mueven entre la grasa, bajo la piel. Y el estado de estos músculos proviene del de nuestro pensamiento... Sin que lo advirtamos, nuestro rostro se moldea poco a poco en conformidad con nuestros estados de conciencia. Y con la edad se convierte en la imagen cada vez más exacta de los sentimientos, de los deseos, de las aspiraciones de todo el ser...» Dr. Alexis Carrel, *La incógnita del hombre.*

- El gusano que está dentro de una fruta de hermoso aspecto, tarde o temprano atraviesa la piel y la podredumbre de dentro pasa fuera.

Si el mal anida en tu corazón, progresará por tu cuerpo y desbordará hasta en tu rostro.

- Hay «bellezas animales» que excitan el hambre de los cuerpos, rebajan a su nivel a quienes con avidez las contemplan y finalmente hunden en la desesperanza de la insatisfacción.

Hay «bellezas del diablo» que seducen, esclavizan y desencadenan la guerra.

Hay «bellezas de Cristo» que apaciguan, encienden anhelos de pureza y guían con dulzura por el camino de Dios.

- La suprema belleza florece cuando la gracia atraviesa sin dificultad una naturaleza humana.

Da la mirada de un Padre de Foucauld a cualquier rostro, por deforme que sea, y quedará iluminado con auténtica belleza.

- Por concesión especial, Dios permite a veces que los santos reflejen en su propia carne algunos rasgos de Cristo; pero no es exclusivo de los santos el privilegio de irradiar al Señor.

Si vives de Cristo,

tu mirada se convertirá en mirada de Cristo,
tu sonrisa en sonrisa de Cristo,
tu rostro en rostro de Cristo.

- Para ser bello, detente:

un minuto ante el espejo,
cinco ante tu alma,
quince ante tu Dios...

# NO DEJARSE DESBORDAR

*La agitación es una de las grandes plagas del Mundo moderno. El hombre tiene demasiado que-hacer y quisiera llegar a todo. Como le falta tiempo, se apresura, corre, se pone nervioso, se sobreexcita o se descorazona y al fin, se vuelve intolerable, se fatiga, abrevia su vida, no lleva a cabo lo que quisiera y deja a medias cuanto hace. Es un fracaso. Hay que remediarlo. Un poco de dominio sobre sí, sobre la organización, y una mirada de Fe a la vida pueden conseguirlo.*

- ¡Estoy desbordado!...

No decirlo nunca.
No permitir que se diga.
No pensarlo jamás;
    lo creerías y sería desastroso.

- Los grandes hombres trabajan diez veces más que no-sotros en un tiempo diez veces menor. ¿Por qué? Saben organizarse; protegen, defienden o son capaces de recobrar su tranquilidad, se entregan por entero a cada tarea.

- No escribas: no tengo un minuto para mí... sólo te escribo unas breves líneas... hubiera deseado... etc. Escribe inme-diatamente con sencillez estas líneas; ganarás tiempo y de-fenderás tu tranquilidad.

- No digas al visitante: «Sólo tengo un momento, no te digo que te sientes»... etc. y no le entretengas un cuarto de hora haciendo otra cosa. Mándale que se siente y dedícale diez minutos, tranquilamente, dándole la impresión de que tu día está por entero dedicado a él.

- ¿Te piden una entrevista? No comiences pretextando: es imposible, estoy comprometido... etc. porque acabarás fijando una fecha. Di sonriendo: Pues, claro; con gusto; y ofrece la primera fecha libre, aunque esté lejana.

- Si algunas veces te dicen: No me atreví a molestarle tal día... pues tenía Ud. el aspecto de tener mucha prisa; es grave, puesto que muchos otros vinieron y se volvieron y no te lo dijeron nunca. Y aquél día acaso te necesitaban.

- Nadie se confía al hombre desbordado, puesto que se adivina que no tiene tiempo para recibiros: ¡desborda!
Si quieres vivir como hermano, ten siempre en tu casa la entrada libre y una o dos habitaciones para acoger a los amigos que pasan.

- Dispones de mucho tiempo pero pasas el tiempo perdiendo tu tiempo.

- No ganarás tiempo intentando muchas cosas a la vez. Durante la comida, cuando te sirves la bebida, llenas el vaso una vez y luego otra. En la vida hay que llenar a su vez un minuto y otro; si así no se hace, algunos minutos desbordarán y otros, en cambio, quedarán vacíos.

- Dormir y descansar no es perder tiempo sino ganarlo. Los gustos difieren. Has de conocerte y atribuirte exactamente cuanto te convenga para conservar tu equilibrio y tu tranquilidad.

> No tomes menos de lo que necesitas: te debilitarías.
> No tomes más de lo que necesitas: serías goloso.
> ¿Estás abrumado de trabajo? Ofrece al Señor tu sueño o tu ocio y queda en paz, no pierdes tu tiempo.

- El tiempo es un bello regalo de Dios. De él nos pedirá estrecha cuenta. Pero, tranquilízate: Dios no es un mal padre; no da un trabajo sin procurar a la vez los medios para llevarlo a cabo. *Hay siempre tiempo para hacer lo que Dios nos da para que lo hagamos.*

- Cuando te_falte tiempo para llevarlo a cabo, párate unos instantes y ora. Distribuye luego el empleo de tu tiempo bajo la mirada de Dios. Lo que, lealmente, no alcances a cumplir, déjalo, aunque los hombres insistan y no comprendan, *puesto que Dios no te lo da para llevarlo a cabo.* De modo que nunca es *excesivo* tu trabajo.

- Cuando adivines qué es lo que Dios desea que lleves a cabo, déjalo todo y entrégate enteramente a esta tarea. Dios te espera en ella, en este momento, en este lugar *y únicamnte en este lugar* [1].

---

1. «Saberse concentrar», pág. 110; «"Vivir su vida" o la fidelidad al momento presente», pág. 119.

## SABER DETENERSE

*Con demasiada frecuencia el hombre moderno se atormenta porque no tiene el placer de detenerse o no sabe ya darse el placer de detenerse, contemplarse, para adquirir conciencia de sí mismo. A copia de correr, no se atreve ya a recogerse porque se vería brutalmente colocado frente a responsabilidades que le dan miedo. Correr le da la impresión de vivir. De hecho se aturde, se evade de sí mismo y se condena a la vida instintiva. Ya no es hombre sino bestia. Resignarse a detenerse es el primer acto que le permitirá restituirse a sí mismo.*

- Si «empujas» siempre el coche con mucha velocidad, cansarás el motor.

Si vives sin cesar «bajo presión» tu cuerpo y tu espíritu se gastarán muy pronto.

- Si tanto corres, no encontrarás a nadie y lo que es peor no te encontrarás ni a ti mismo.

- Si quieres captar lo más profundo que hay en ti, has de saber detenerte.

- Comiendo de pie, digieres mal. Siéntate.

Si discurres corriendo, reflexionas mal. Siéntate.

- No esperes a que Dios te detenga para adquirir conciencia de que existes. Sería demasiado tarde; no podrías ya merecer.

- El maestro desbordado por sus alumnos desearía escapar de la clase.

El ama de casa que lo tiene «todo abandonado» no se halla a gusto en casa.

El hombre que no se domina, «se abandona»; pasa ante su puerta sin osar jamás entrar en su casa.

- Si te retrasas en el pago del alquiler, no deseas encontrarte con tu casero.

Si, por descuido, has pasado mucho tiempo sin ver a tu amigo, te sientes molesto al verle y evitas salirle al encuentro.

Si temes detenerte es por miedo de encontrarte de nuevo; y si temes encontrarte, es porque no estás ya acostumbrado a ti mismo, ya no te conoces, temes tus reproches y tus exigencias.

- ¿No tienes tiempo de detenerte? Sé leal, hay momentos libres en tus actividades. No corras a llenarlos con el ruido o el diario o una conversación o una presencia...

Cuando esperas, en la barbería, no te precipites sobre una revista. Detente.

Estás en el trolebús, apretado por la multitud, mecido por el rumor anónimo. Detén tus ensoñaciones.

La comida no está a punto, no vuelvas a salir «un minuto» para ver a un compañero. Detente.

Gozas de un minuto de silencio, no pongas un disco. Detente.

- Si el nadador eleva la cabeza es para «respirar».

Si el automovilista se para ante el poste de gasolina es para «proveerse».

Si te paras es para adquirir conciencia de ti mismo, unificar todas tus potencias, ordenarlas y dirigirlas [1] para entregarte enteramente a tu vida.

- Resignarse a detenerse es aceptar contemplarse; aceptar contemplarse es ya entregarse, puesto que es obligar al espíritu a penetrar en el interior de su propia mansión.

- Sólo en la Luz de Dios te reconocerás y te comprenderás plenamente.

Sólo al unísono con la Acción de Dios actuarás con eficacia.

Cuando te cites a ti mismo cita al mismo tiempo al Señor.

- En el transcurso de tus días aprovecha todas las ocasiones que la vida te ofrezca, para re-cogerte y comunicar a Dios:

> que esperas el autobús,
> que el motor de tu coche se calienta antes de arrancar,
> que esperas tres minutos el huevo pasado por agua,
> que la leche va a hervir,
> que el biberón está demasiado caliente,
> que el teléfono, que la línea ocupada,
> que la señal roja en la calle...

No «mates el tiempo»; por corto que sea, es providencial; ¡el Señor está presente en él, te invita a reflexionar y a decidirte a ser más hombre!

---

1. Cf. «El hombre atomizado o el hombre unificado y personalizado», página 29.

# REFLEXIONAR Y DECIDIR, PARA LLEGAR
# A SER HOMBRE

*Le interesa al hombre detenerse pero también
aprovechar esta pausa; le es indispensable para
reflexionar y decidir.*

*El hombre moderno, trepidante y volcado hacia
fuera, cada vez es más impersonal; en él los au-
tomatismos reemplazan su libre decisión. Los so-
porta sin reaccionar porque ahorran esfuerzo.
Hay que ayudar a los hombres a reeducarse a sí
mismos, creando en ellos un sentido de responsabilidad. Puesto que son hombres, han de apechugar plenamente con su vida; lo harán si saben no
solamente detenerse sino también reflexionar, juzgar y decidir por sí mismos.*

*El Cristiano no puede contentarse con vivir pura
y simplemente como hombre; ha de mirar la vida,
juzgar y entregarse, con la luz de la Fe. Este
punto será explicado más adelante en los capítulos "Las verdaderas dimensiones del acontecimiento" y "La re-visión de vida". Si hemos es-
tudiado por separado la actitud humana y la
actitud cristiana es para demostrar con más claridad la necesidad de reflexionar y decidir, en el
plano puramente natural. ¿Habrá que repetir que
para el cristiano no son dos etapas distintas los
momentos que vive como hombre y los que vive
como cristiano? A partir de su bautismo, y más
aun si quiere vivir su cristianismo ¡toda su vida
debe ser, en Cristo, vida de hombre divinizado!*

- Corres en la vida, pero la vida corre a tu alrededor y jamás os encontraréis cara a cara.

Como que la vida es más fuerte que tú, te arrastra y sigues, y sufres, sin reaccionar.

Frecuentemente soportas a duras penas tu trabajo:

    me han inscrito en este Colegio,
    hay que ganarse la vida,

soportas a duras penas tus ocios:
    hay que «distraerse»;

soportas a duras penas tu ambiente:
    es la costumbre, todo el mundo hace lo mismo;

soportas a duras penas a tu familia:
    no la he escogido yo;

soportas a duras penas tu hogar, a tu mujer, a tu marido,
    a tus hijos:
    les amo de verdad, pero con frecuencia les tolero a
    regañadientes, es normal...;

soportas a duras penas tu moral:
    hay que obrar así; lo otro «no se estila»;

soportas a duras penas tu religión:
    mis padres me dieron «buenos principios», no hay
    motivo para desentenderse de ellos;

te soportas a duras penas:
    obras disparándote, tu sensibilidad te empuja, una
    «idea fija»...;

    obras por pasión; la sensualidad, el orgullo, los celos,
    ciegan...

Si la vida te domina sin que logres tú dominarla, no eres un hombre acabado.

- Frecuentemente, cuando no soportas tu vida, intentas evadirte de ella:

> no aceptas la realidad, sueñas con esquivarla, no aceptas tus propios límites [1],
>
> no aceptas los fracasos (que son los límites que te impone la vida),
>
> no aceptas a los que te rodean.

Si no afrontas la realidad, si la escamoteas o la esquivas en vez de presentarle cara y servirte de ella, no eres un hombre acabado.

- Con frecuencia te ves forzado a aceptar la vida que se te presenta, y entonces no reconoces la responsabilidad de tus actos:

> me veo obligado a ello,
>
> no puedo obrar de otro modo,
>
> no es culpa mía.

Si no eres capaz de asumir la responsabilidad de todos tus actos, serás un niño, no un hombre acabado.

- Quedarás plenamente acabado cuando hayas decidido detenerte con regularidad para *mirar* lealmente tu vida, *juzgarla* con los ojos de tu espíritu y *decidirte* en seguida libremente a vivirla.

- El pintor se detiene al pintar y se echa atrás para contemplar su tela.

Detente al obrar y échate atrás para contemplar tu vida.

---

1. Cf. «¿Cuándo, en fin, te aceptarás?», pág. 73.

- No te resignes a vivir ni un solo instante, por corto que sea, sin saber por qué lo vives, sin haber decidido cómo lo vivirás en adelante.

- Reflexionar sobre la propia vida es tomar posesión de la misma. Toda tu vida debe llegar a ser auténticamente «tu» vida.

- Vivir la propia vida no es forzosamente obrar de un modo distinto que el resto del mundo [1]; con frecuencia es todo lo contrario: obrar como todo el mundo pero porque se ha comprendido que convenía hacerlo y se ha decidido hacerlo así.

- Aunque te veas constreñido a ejecutar tal acción: callar en el Colegio, firmar a tu hora en la fábrica, obedecer a este superior... detente, reflexiona y toma a tu cargo esta obligación.

- Todo cuanto vives, cuando los hombres, los reglamentos, los acontecimientos te lo imponen desde fuera, es aprendizaje; incluso esclavitud, tal vez.
   Si decides tu acción o *adoptas conscientemente* la que se te propone o se te impone, obras como hombre.

- Sólo los actos humanos te engrandecen, te desarrollan, te vuelven más hombre.

- Pon reflexión y decisión personal allí donde sólo habría reacción instintiva, atracción del ambiente, resignación...

_____

1. Es la postura del adolescente que intenta de este modo afirmar su personalidad.

¡Es la moda!
¡Todo el mundo lo hace!
    tal vez; pero juzga por ti mismo.
Te parece bien este film, porque los críticos lo dijeron.
Lees este libro porque obtuvo un premio literario.
Escuchas tal emisión porque es del gusto de todos.
Eres fiel al editorialista porque juzga los acontecimientos
    a gusto tuyo.
Lees los «digest» porque te lo dan todo seleccionado;
    detente, juzga y decide tú mismo.

    - El alimento te aprovecha si lo masticas.
    Cada vivencia te enriquecerá, si reflexionas por tu cuenta
sobre cada una de ellas.

    - Cuanto más lentamente traspasa el agua el filtro de la ca-
fetera, mejor es el café.
    Dedica un tiempo suficiente a hacer pasar tu vida por el
filtro de tu espíritu y de tu conciencia y tu vida será un éxito.

    - Viviendo más personalmente serás cada vez menos un
individuo y cada vez más una *persona*.

    - Si ayudas a otro a reflexionar sobre un film, un artículo,
una persona...
    Si le ayudas a «adquirir conciencia» de una situación
concreta, de un suceso que le atañe...
    Si le ayudas a estar más presente en tal circunstancia de
su vida, le engrandeces, le desarrollas y le encaminas a Dios;
puesto que cada esfuerzo del hombre para llegar a ser más
hombre, le acerca al Padre que le quiere plenamente *consciente
y libre*.

    - Si con la reflexión, la decisión y la acción consciente,
procuras poco a poco vivir, ya no como autómata, no ya ins-

tintivamente o sensiblemente, sino como hombre maduro, no te detengas en el camino, sigue hasta el final tu desarrollo; el Padre te invita a vivir *como hijo de Dios*.

- Si quieres vivir como hijo de Dios, has de ver tu vida como la ve Dios, juzgarla como Él la juzga y entregarte como Él desea que te entregues; pero entonces para llegar a ello necesitas otra luz distinta de la luz natural de tu espíritu; necesitas «re-visar tu vida» a la luz de la Fe.

## SABERSE CONCENTRAR

*Algunos hombres llevan a cabo en una hora el trabajo que otros realizan en cuatro; algunos resuelven un problema, toman una decisión, superan un obstáculo en algunos minutos; y otros, en cambio, tropiezan con ellos días y días; algunos exponen con claridad un tema, escriben sustanciosamente a un amigo, se relacionan íntimamente en pocos minutos; otros, en cambio, necesitan muchas horas para salir sólo parcialmente airosos; algunos entran con facilidad en el recogimiento de la plegaria, otros no pueden "recogerse". Y es —entre otras razones— porque hay quienes saben concentrarse y entregarse de lleno a la tarea del momento presente y quienes son unos distraídos crónicos, incapaces de ordenar y dirigir sus potencias indisciplinadas. ¡El hombre sólo es eficaz cuando se sabe concentrar!*

- La lupa es capaz de causar un incendio porque sabe recoger la luz y el calor del sol y los hace converger en un solo punto.

Si sabes aunar tus fuerzas y emplearlas a fondo en la batalla, en el momento y en el lugar preciso del combate, no necesitarás muchas tropas para vencer. Te bastará movilizarlas rápida y totalmente.

- La concentración no es en esencia una manera de «obrar», sino más bien una manera de «ser». Podrás concentrarte con facilidad si has rearmonizado y unificado tu vida interior [1].

- Rehuye, en lo exterior, cuanto podría dispersarte.

Evita el atiborramiento en tu despensa, en tu mesa de trabajo, en tu cartera, en tus bolsillos... y esto evitará el atiborramiento de tu espíritu.

No hagas muchas cosas a la vez.

Plantea los problemas uno tras otro. Saca una carpeta del archivo cuando la anterior esté ya arreglada y colocada en su sitio. Abrela, si de verdad tienes intención de reflexionar sobre el problema o de resolverlo.

- No eches una «ojeada superficial» sobre este libro, esta revista, esta carta; lee un capítulo, un artículo, escribe la carta; si no, guárdalo todo... y ahórrate la ojeada. Dispersas y agotas tu atención repartiéndola fragmentadamente.

- ¿Quieres cosechar bellos frutos? Poda tu árbol.

¿Quieres cortar bellas flores? Sacrifica algunos capullos.

¿Quieres ser eficaz? Aprende a limitarte; si quieres llevarlo todo a cabo no lograrás que valga la pena [2].

- Si la manga de riego está acribillada de agujeros, difícilmente llegará el agua al agujero de salida. Tapa los escapes, la presión volverá.

---

1. Cf. «El hombre atomizado o el hombre unificado y personalizado», página 29.

2. Cf. «No dejarse desbordar», pág. 98.

Si sueñas «horas y horas» desertas de la realidad.

Si hablas a troche y moche, despilfarras tu pensamiento.

Si reaccionas «por un sí o por un no» agotas tus fuerzas.

... no tendrás «presión» a tu alcance, cuando la necesites.

- El niño que tiene el pupitre lleno de juguetes, los bolsillos llenos de caramelos y la cabeza llena de fantasías no puede prestar atención a sus obligaciones.

Si quieres reservar en ti, para ti solo, algunas alegrías, algunos sufrimientos algunos deseos, algunos ensueños... te ocurrirá lo mismo; te dispersarás y no podrás concentrarte

- ¿No puedes privarte de soñar?

¿No puedes prescindir de hablar?

¿No puedes dominar tu emoción?

tienes razón; no se trata de ahogar la vida sino de servirse de la misma cuando convenga y como convenga. No destruyas nada, clasifícalo todo y ordénalo todo para poder hallarlo de nuevo.

¿Cómo? Dándoselo todo, tranquilamente, a Dios.

- Cuanto hay en ti es fuerza viva:

tu espíritu, tus ideas, tu imaginación,

tu sensibilidad, tus aspiraciones, tus impulsos, tus emociones, tus afectos, tus antipatías,

tu entusiasmo, tus desánimos,

hasta tus tentaciones...

pero este dinamismo aturdidor que estalla en todos sentidos queda con frecuencia mal orientado o despilfarrado. Si quieres aprovecharlo bien, has de dejarlo, desde luego, todo para Dios, con una confianza absoluta. Cuando nada reserves, en todo saldrás airoso, puesto que Dios te procurara, en el instante previsto, cuanto necesites para llevar a cabo la tarea presente.

- Concentrarte no es correr tras cuanto hormiguee en ti para aguantarlo por fuerza, inmóvil y dispuesto, sino más bien hacer el vacío... dándolo todo.

- Para hacer el vacío, modérate: el cuerpo, los músculos, los nervios; luego da en regalo al Padre todas tus potencias. Contémplale, déjate mirar y luego entrégate a la tarea del momento.

- Ofrécete así cada día a Dios durante algunos momentos privilegiados de recogimiento y de silencio. Durante el día, particularmente cuando estés inquieto, atosigado, abrumado, repite tu gesto en un instante de amor y te hallarás totalmente dispuesto y eficiente, sin duda.

- Si obras «mal de tu grado»,

  si tomas tu trabajo «como una carga»,
  si vives «porque hay que vivir»,

tu acción, tu trabajo, tu vida, impuestas desde fuera, serán una esclavitud; pero si aceptas cada una de tus actividades, obrarás de dentro a fuera, y serás hombre libre, apto para el recogimiento.

- Aceptar cada una de tus propias actividades es decirte antes de cada acción, por insignificante que sea:

    Cuanto más me concentro más me valoro, consiguiendo ser eficiente.
    No estoy solo sino en una inmensa cantera donde todos necesitan este gesto, esta palabra, este con-

tacto; con todos, construyo el Mundo, unifico a la Humanidad, la salvo.

¿Para qué prestar atención a la importancia externa de mi obra, si he de llevarla a cabo? Lo que cuenta es la profundidad de mi amor.

En el fondo de esta acción, Dios está ya trabajando y me ha citado.

...si así lo haces la carga se trocará en una obra gigantesca y no te sentirás ya repartido, disperso, sino intensamente presente.

# PARA OBRAR CON EFICACIA

*Algunos desconfían de la acción; otros se arrojan a ella sin reflexión y sin amor.*

*Dios no nos puso en el mundo para vivir en él tumbados. Seamos quienes seamos, nos invita a la acción para perfeccionarnos y levantar la Ciudad de Dios y al mismo tiempo la Ciudad de los hombres. Pero hay acciones de muy diversas cualidades. El animal obra, el hombre obra y el cristiano también. La acción es plenamente eficaz sólo cuando se convierte en la acción de Jesucristo.*

- Fácil es demoler una casa; es más difícil construirla.

Es fácil criticar, más difícil obrar.

Si te pasas el tiempo criticando, no te quedará tiempo para obrar.

- Es fácil concebir planes; pero es difícil llevarlos a cabo. Sin embargo para cobijar a los hombres vale más una casucha construida que palacios que existen sólo en proyecto.

Tus buenas intenciones de nada sirven si no se resuelven en la acción.

- A veces no haces nada porque no puedes hacer mucho. Más vale que hagas algo.

- El miembro que permanece inactivo se atrofia.

El hombre que no actúa, no sólo no progresa sino que retrocede.

Sólo obrando puedes perfeccionarte.

- Mira a los hombres, a tu alrededor. Se agitan mucho, se gastan, hablan, reaccionan, se baten y finalmente se descorazonan puesto que el resultado es insignificante comparado con sus esfuerzos.

No es la intensidad de movimiento lo que da eficacia a tú acción sino el peso de espíritu que, gracias a ti, lleva dentro.

- Algunos, con

> poco tiempo,
> pocos gestos,
> poca acción, lograrán mucho;

Otros, con

> más tiempo,
> más gestos,
> más acción, lograrán poquísimo.

La eficacia está en el «alma» que pongan quienes obran.

- La acción del animal es instintiva.
La acción del hombre es reflexiva.
La acción del cristiano debe estar vivificada por la fe.

Con frecuencia obras por mimetismo, como un animal; a veces, reflexionando, como un hombre, raras veces como un cristiano.

- Cuanto más mires tu acción y cuanto más reflexiones sobre ella, más «persona» humana te vuelves [1].

---

1.   Cf. «Reflexionar y decidir, para ser hombre», pág. 104.

Cuanto más vivas tu acción en la fe, más hijo de Dios te vuelves [1].

- Tú puedes ayudar a los otros a conseguir su personalidad,

    y después a cristianizarse,

haciéndoles pasar progresivamente de la acción instintiva a la reflexiva y de la reflexiva a la acción en la fe [2].

- Si quieres actuar seriamente, mira primero la realidad.

Humanamente considerado, es cordura: mide con exactitud las necesidades, marca el punto exacto en el que has de insertarte, calcula las fuerzas que has de emplear...

Cristianamente considerado, es evitar la ilusión: si interrogas la «realidad» guiado por la fe, Dios te responderá y a través de tu vida concreta te invitará a la acción.

- En la fe, someterse a la realidad es someterse a Dios.

- No puedes actuar rectamente y cristianamente si antes no has visto y juzgado en la fe.

- La acción debe para ti llegar a ser la puesta en marcha del designio del Padre, tras haberlo descifrado con una leal mirada a la vida [3].

- Quieres ser eficiente;
te impacientas por el escaso resultado de tu acción,
sufres, comprobando cuánta tarea se te ofrece,
oyes la llamada de tu ambiente y de toda la Humanidad...

---

1. Cf. «La re-visión de vida», pág. 221.
2. Este es todo el sentido de la «puesta en marcha» en los movimientos de Acción Católica.
3. «La re-visión de vida», págs. 221 y 224.

Si quieres dar a tu vida su máxima eficacia, cambia tu voluntad finita por la infinita voluntad de Dios; Él cambiará tus mezquinas fuerzas por su OMNIPOTENCIA INFINITA.

- Dios obra maravillas con lo pequeño.

Eres tú quien limitas tu eficacia, confiando todavía en tu propio poder.

- Si desapareces, Jesucristo podrá aparecer y perfeccionar, por tu medio, los designios de su Padre.

# «VIVIR SU VIDA» O LA FIDELIDAD EN EL MOMENTO PRESENTE

*Los hombres, especialmente los jóvenes, quieren "vivir su vida". En el fondo, tienen razón, pero en la realización de su sueño se equivocan con harta frecuencia. Algunos se alucinan, no viven su vida, sino que toleran las exigencias de sus instintos o las múltiples fantasías de sus deseos. Otros quedan desengañados del pasado; y otros lo aurean con todos sus bellos colores. Finalmente, otros tiemblan ante el porvenir o le atribuyen un valor mágico. Olvidan todos vivir el presente. Sólo hay un medio para que no falle la propia vida: sumergirse por entero, personalmente, en el momento presente, respondiendo al Amor infinito que invita desde el hueco de cada uno de estos momentos.*

- Los hombres sólo viven plenamente unos meses, juguetean por las orillas de la existencia y se encuentran a los ochenta años con el peso de unos pocos instantes de vida en la palma de sus manos.

¿Por qué no «vivir tu vida»?

- Piensas siempre que la vida es para mañana:

hay que preparar «el porvenir»: tus exámenes, tu profesión, tu hogar; luego el porvenir de los hijos: sus exámenes, sus profesiones, sus hogares; luego la ancianidad: el retiro, la casa...

mañana haré...
mañana tendré...
mañana seré...

¿Por qué esperar a mañana para vivir? Llegará un día que será sin mañana para ti y no habrás aún vivido.

- Te atas al pasado, te parece importante, porque lo has vivido, pero era ayer y hoy ya no tienes ningún poder sobre él.

Te seduce el futuro porque en sueños puedes moldearlo a tu gusto; pero no existe aún y con nada te ocupa.

El presente es tan efímero que no le concedes ningún valor y es sin embargo el único que está en tu poder, y tu vida es sólo — pedazo tras pedazo — un conjunto de momentos presentes.

- Crees tener ante ti la felicidad, la alegría, el amor, a Dios. Es un espejismo. Olvidas trágicamente que Dios está a tu lado, exactamente en el lugar en que te encuentras, en el momento que vives, y que Él lo sostiene todo, ofreciéndolo, en sus manos.

No seas el eterno peregrino que abandona a Dios al borde del camino para correr tras su imagen.

- El hombre inquieto arrastra consigo su pasado e intenta apresar el porvenir al mismo tiempo que el presente.

El excitado quiere vivir muchos instantes a la vez. Mezquino titiritero, los pierde todos y corre tras cada uno de ellos.

Si quieres acertar en tu vida, pon el pasado en manos de Dios, déjale el futuro y vive plenamente, uno tras otro, cada momento presente.

- No deshagas un solo punto de tu jersey; se convertiría en «una carrera», pues siendo pequeña la malla cada punto es indispensable.

No descuides un solo instante; todos son infinitamente preciosos para tejer sin agujeros la tela de tu vida.

- El instante presente es ligero, no te aplasta,

es estrecho, no deja sitio a tu inquietud,
pasa rápidamente, no te cansa,
tiene «dimensión humana», puedes orientarlo y tolerarlo;

sólo él vive, te nutre; su profundidad es infinita, está habitado por el Amor.

- No aceptar el pasado, rehusar pensar en el porvenir, por miedo, es cobardía.

No añorar el pasado, no espantarse del porvenir, por abandono y confianza en Dios, es amor.

- Dios te espera en el momento presente. Si penetras en él como el enchufe en la corriente, la Luz y la fuerza pasarán. Pero en la inmensa sala en que te encuentras sólo hay una toma de corriente, débil, débil...

- El instante presente es el punto de inserción de Dios en tu vida y mediante tu vida en la vida del Mundo. Pero Dios no pasa sin tu libre consentimiento.

- Decir sí a la invitación de Dios, al anuncio de cada instante, equivale para ti a estar plenamente presente.

- Si dices sí al instante presente contribuyes a la encarnación mística del Hijo en ti,

Si dices sí a tu trabajo presente contribuyes al perfeccionamiento de la creación en el Hijo.

Si dices sí al esfuerzo presente, contribuyes a completar la Redención en el Hijo.

- La mayor y más eficaz de tus «entregas» es la entrega en el minuto presente, pues te obliga al abandono total del pasado y del futuro en las manos de Dios, y luego a la entera disponibilidad. Si permaneces fiel a ella vivirás plenamente tu vida y asegurarás para ella un éxito infinito.

# EL HOMBRE Y LOS OTROS

## ¿QUIÉN ES EL OTRO?

- El otro es el que encuentras en tu camino.
  el que crece a tu lado,
    trabaja, se alegra o llora a tu lado;
  el que ama u odia a tu lado,
  aquel de quien dices «me carga verle» o «no puedo verle»,
  aquel de quien nada dices, de quien nada piensas, porque
    pasas sin mirar y ni le has visto...

- El otro es aquel a quien debes unirte para llegar a ser el
  hombre «total», el «hermano universal»,
  aquel a quien debes unirte para triunfar y salvarte con
    toda la Humanidad.

- El otro es aquel con quien colaboras cada día para perfeccionar la creación del Mundo.

- El otro es tu prójimo, a quien debes amar con todo tu
  corazón, con todas tus fuerzas, con toda tu alma.

- El otro es aquel en cuya presencia serás juzgado.

- El otro es el que te engrandece, es un regalo de amor de
  Cristo.

- El otro es el enviado del Padre, una pregunta de amor
  de Cristo.

- El otro es aquel
    por quien Dios se expresa,
    por quien Dios invita,
    por quien Dios enriquece,
    por quien Dios mide nuestro amor.

- El otro es tu plan de cada día,
    tu hostia cotidiana.

- *El otro se llama Juan, Pedro, Lolín,
  Señor García, Señor Hernández,*

  habita en tu misma casa,
  trabaja en la misma oficina,
  toma el mismo trolebús,
  está sentado a tu lado en el cine...

- *El otro se llama Jesucristo.*

  Jesucristo habita en la misma casa que tú habitas,
  trabaja en la misma oficina,
  toma el mismo trolebús,
  está sentado a tu lado, en el cine...
      ¡El otro!...

# RELACIONARSE CON OTRO ES ACOGERLE

*Los hombres, hoy en día, individualmente o en grupo, desean "relacionarse" con sus semejantes. "Relacionarse" - "entrar en contacto" con tal persona, tal ambiente, tal país: he aquí su ambición. Algunos creen que es una necesidad; otros, un deber. Yo creo que es las dos cosas a la vez. Necesidad, porque el hombre no puede ya vivir aislado; resulta trivial decir que el mundo " se empequeñece" y que los intereses de unos y otros — por alejados que estén en el espacio y en el tiempo — están íntimamente enlazados. Deber, porque el hombre no puede perfeccionarse a sí mismo si no se une a los demás. Deber, sobre todo, porque los demás, redimidos también por Cristo y convertidos por Él todos en hijos del mismo Padre, se convierten también en hermanos entre sí. A medida que los medios modernos de locomoción y de conocimiento acercan a los seres humanos, sus mutuas relaciones deben multiplicarse y ahondarse. Sin embargo, ¿es tan sencillo como parece ponerse en relación con otro?*

- Por el simple hecho de estrechar la mano a muchos, darles un golpecito en la espalda, tomar con ellos una copa, hablar, discutir con ellos, hay quien piensa: «Yo estoy enormemente relacionado, conozco a muchísimas personas». Se equivocan; el hombre está solo entre una multitud de ésas que él llama

relaciones, a menos que tenga los ojos de par en par abiertos
y el corazón dispuesto a ver y acoger a sus semejantes.

- Llevas ya largo tiempo esperando el autobús. Pasa
«completo». Impaciencia, desánimo: «¡Siempre ocurre lo mismo en esta línea!»

Lo mismo ocurre a algunos: no hay sitio nunca en ellos
No respetan paradas y circulan con rapidez por entre quienes
les esperan. ¡Están de bote en bote!

¿No pasas tú con frecuencia por tu línea demasiado aprisa
y completo? Y no obstante nadie sino tú ha de apearse en
este lugar y a esta hora, pues tu línea es única y tu horario
exacto.

- Si intentas relacionarte, procura antes mirar. Para mirar
anda despacio, resígnate a pararte y sé inteligentemente curioso de todo cuanto te permita conocer más a los hombres: su
vida profesional, familiar, en sus diversiones, en el barrio; sus
preferencias, sus aspiraciones, sus dificultades, sus luchas.
Para comprender y amar hay que sentir hambre de conocer

- Para ponerse en relación, no basta ver al otro; hay que
acogerlo. Hay pues una crisis de alojamiento mucho más
grave que la falta de habitación: es la escasez de hombres
interiormente dispuestos a servir a sus hermanos.

Sé una morada siempre abierta: «entrada libre».

Sin «perros furiosos» que alejan: tu carácter, tu orgullo
tu egoísmo, tu envidia, tu ironía, tus brusquedades, tu
falta de delicadeza. Que nadie se retire diciendo
«No me atreví, temí que me mandase a paseo, que se
burlase de mí, que no me comprendiese...»

Sin esperas que hacen vacilar (aunque sólo sea para estrechar la mano o sonreír, si no tienes tiempo para
ofrecer asiento. Un minuto de completa atención
basta para «acoger» al otro).

Sin muebles que estorben: la habitación vacía, disponible.
No impongas tus gustos, tus ideas, tu punto de vista.
Sin traspasos que cuestan caros: si ofreces algo, sea gra-
tuitamente, sin esperar compensaciones.
Sin arriendo que obligue: se entra, se sale, a gusto propio,
sin formalismos, sin compromisos.

- ¿Qué te dirá Cristo un día: «Gracias por este sitio en la
hostería de tu corazón»; o acaso: «Desventurado seas, pues
no hallé en ti una piedra donde descansar la cabeza.»?

- Si acoges a otro en tu casa es para procurarle descanso.
Te gusta hallar consigna en la estación para ahorrarte el
trasiego de tus maletas; sé una buena consigna para los demás.
Que puedan depositar sus paquetes, demasiado pesados y
atiborrados, para reemprender ligeros su camino.

- No creas estar en relación con todas las personas con
quienes te cruzas; la relación va más allá del encuentro físico;
en el misterioso acorde entre dos personas, entre dos almas.

- El valor profundo de un hombre se mide, entre otras cosas, por su poder de relación; pero el poder de relación no es
esencialmente un conjunto de cualidades externas: amabili-
dad, jovialidad, facilidad de palabra y de ademanes..., no es
sólo el fruto de cualidades interiores: fina sensibilidad, com-
postura y atención. La facilidad en las relaciones se bene-
ficia de estas cualidades, que son sólo primicias del auténtico
encuentro. Esencialmente, el poder de relación se mide por
el desprendimiento interior, por el vacío de uno mismo.

- Si quieres relacionarte con tus semejantes extiende en ti
el desierto pero aceptando que vengan los demás a poblarlo.
Haz el silencio en ti, pero aceptando que vengan los demás a
meter ruido en él.

- ¿Qué encontrará el otro al entrar en tu casa? Si gracias
a ti se encuentra frente a frente con Dios que habita en ti, se
irá apaciguado, fortificado, alegre, palpitante, pues en el fondo
de todo, la verdadera relación *debe poner en presencia de
Dios*.

- Cada mañana, durante unos instantes, ve al encuentro
del Señor y en Él, en la noche de la Fe, sin necesidad de ver
rostros, ni oir palabras ni tocar manos, acoge a todos con quienes vas a alternar durante el día; ámales en Él, y luego sigue
tu camino, en paz. dispuesto, con la mirada más pura, el oido
más fino para captar las invitaciones de Dios, y el corazón
más ancho y sobre todo más habitado para que tus acogidas
sean regias.

     Suena el timbre.
     Llaman.
     Acércame la garlopa.
     Señor Garcia ¿está Ud. en casa?
     Señor Hernández, un momento, por favor.
          o acaso
     un libro, el diario, la radio, el cine, un anuncio.
          o tal vez
     una sonrisa,
     un silencio,
     una palabra que hiere,
     un rostro cariacontecido.
          ...
     He aquí el Señor que hace señas: éstas son las invitacio-
nes a relacionarse.

# HABLAR CON OTRO ES ANTE TODO ESCUCHAR

*Los hombres tienen necesidad de hablar. Su alma, henchida de preocupaciones, de molestias o de alegría, aspira a manifestarse. Las palabras son vehículos del alma y permiten a los hombres comunicarse entre sí. Los taciturnos sufren con frecuencia mucho por no saber explicarse. La timidez, el temor de no ser comprendido, la ausencia de personas dispuestas a escucharles, les paralizan. En efecto, pocos hombres son para sus hermanos, compañeros acogedores y tranquilizadores, porque pocos hombres se olvidan totalmente de sí para escuchar a otro.*

- El hombre siente necesidad de hablar, de contarse cosas, de que le compadezcan, de que le animen, de que le conduzcan. ¡Escucha al otro, escucha más, sin cansarte, con interés! Algunos mueren por no haber encontrado jamás a alguien que les haya dedicado el homenaje y el amor de una atención absoluta, escuchándoles.

- Si quieres ser grato a las personas con quienes te encuentras háblales de cuanto les interesa y no de cuanto te interesa a ti.

- Hablar con otro es, ante todo, escuchar; y pocos saben escuchar puesto que pocos están vacíos de sí mismos y su yo mete ruido.

«Pues, sí, señor; ved: lo mismo me ocurre a mí...» Mientras el otro hablaba, sólo pensaba en sí.

- No interrumpas al otro para hablar de ti. Déjale que hable de él hasta que quiera. Si te sientes tentado a hablar de ti ¿no será porque en ti piensas? Y si piensas en ti, no estás para el otro plenamente.

- Si hablas de ti, sea en relación con el otro, para esclarecerle, tranquilizarle, enriquecerle; pero nunca para valorarte, eclipsar, desanimar, aplastar.

- Si el otro se calla en presencia tuya, respeta su silencio; después ayúdale con dulzura a hablar. Pregunta por su vida, por sus preocupaciones, por sus deseos, por sus molestias, puesto que hablar con otro es también, con frecuencia, preguntar.

- Cuida que el otro no se despida sin haber dicho cuanto quería decir. Si dice: «le hallé preocupado», indica que nó estabas dispuesto. Si suspira: «no insistí; parecía ausente», es que estabas «en otra parte». ¿Volverá?

- Estás inquieto, preocupado por muchos cuidados y se presenta alguien que desea hablar contigo. Coge dulcemente tus molestias, tu mal humor, tu nerviosismo, tu obsesión y ofrécelo todo al Señor [1]. Repítelo cuantas veces haga falta y quedarás pronto libre para escuchar, recibir, comunicar.

---

1. Cf. «El despreocupado», pág. 85.

- Adelántate al otro

Para entrar en tu casa hay algunos escalones, tiéndele la mano.

Para levantar este paquete, precisa esfuerzo; tiéndele la mano.

Para quitar la venda a esta herida, no hay que temblar; tiéndele la mano.

Tender la mano es sonreir, coger por el brazo; es decir:

«¿y tu hijo cómo sigue?

Y el asunto del otro día ¿se arregló?

y entonces... y después, ¿qué te ocurrió, querido amigo?»...

y en cada una de estas frasecitas, vuélcale por entero, vuelca todo el amor del Señor que invita eternamente.

- Cuando un absceso está maduro, hay que vaciarlo; sólo después se aplicará un calmante. Si el otro pasa dificultades no te apresures a darle una solución.

Ayúdale con delicadeza a «vaciar el absceso». Bastará luego una simple palabra amistosa, una presión de mano... un calmante, *porque el mal ya ha desaparecido.*

- Si sabes escuchar, muchos irán a ti para explicarse. Muéstrate atento, silencioso, recogido; acaso antes de que hayas pronunciado una palabra constructiva, se habrá ido ya el otro, feliz, libre, adoctrinado, ya que, inconscientemente, lo que él esperaba no era un consejo, una receta de vida, sino a alguien en quien descansar.

- Si has de responder, no busques la contestación mientras el otro habla pues lo que ante todo necesita es que le atiendas y luego, sí, que le hables. Después confía en el Espíritu Santo; lo primero que llega al alma no es fruto de un razonamiento sino de la gracia.

- Sólo hay auténtico diálogo cuando en ti haces un profundo silencio, un silencio religioso, para acoger al otro, pues en él y por él Dios llega a ti y sólo la Fe puede prepararte para el diálogo.

# DISCUTIR CON OTRO ES INTERCAMBIAR

*Los hombres pasan mucho tiempo discutiendo y gastan muchos argumentos, mucha fuerza y muchas reservas nerviosas.*

*Discuten en todas partes: en casa, en la oficina, en el taller, en el autobús, en la terraza del café, en múltiples reuniones, asambleas, comisiones, etc. Con frecuencia " se agotan" en discusiones, se ponen nerviosos, se vuelven mezquinos, se ofenden, se dividen, y rarísimamente dan el triunfo a la Verdad. ¿Por qué? Si estamos auténticamente al servicio de la verdad ¿cómo difundirla a nuestro alrededor? ¿Cómo " hay que ser" para que no degeneren nuestras discusiones?*

- ¿Has observado que en muchas discusiones cada uno se retira del debate más firmemente convencido que antes de que está en la verdad? ¿Por qué? Porque no hay sólo argumentos que se esgrimen sino hombres detrás de los argumentos. Por lo cual una discusión no es sólo un intercambio de ideas, de razonamientos, sino, durante casi toda ella, una lucha entre dos hombres y especialmente entre dos sensibilidades.

- Durante la discusión piensa siempre en el otro. Si «derribas su argumentación», si «echas por tierra su razonamiento» no dudes que nueve veces de cada diez ofendes además al que los defendía. ¿Has vencido? No. Ayudas al otro a convencerse plenamente de aquello de que acaso no estaba seguro. Le constriñes a encontrar nuevos argumentos, más fuertes que los anteriores. Y tú sigues discutiendo, tu lógica es implacable, le acorralas en sus últimas trincheras. Al fin queda reducido al silencio. ¿Eres vencedor ahora? Tampoco. No has convencido su sensibilidad; al contrario. En voz baja, se dirá el otro: «sí... pero», y a partir de ese pero, esta. sensibilidad humillada dará origen, hoy o mañana, a nuevos razonamientos.

- Ofendes al otro cuando condenas en masa:

«¡tu argumentación no se aguanta en absoluto!»
«quedas *completamente* al margen de la cuestión»,
«esto *nada tiene que ver* con el problema».

Ofendes al otro cuando ironizas:

«no tocas de pies en el suelo»,
«pobre amigo mío, ya no estás en tus cabales»,
«sueñas, no lo dudes».

Ofendes al otro cuando te vuelves mezquino... aunque sólo sonrías:

«discurres como un muchacho»,
«deberías acudir a un médico»,
«estás completamente loco».

No insistas ya; primero hay que curar la herida. Excúsate con franqueza; si no tienes valor para ello, calla humildemente y procura agradar para endulzar el dolor.

- Si el otro te ofende es que tú le has ofendido. Párate, afloja, cálmate y cura la llaga.

Si el otro te dice:

«Evidentemente, yo no soy bachiller»,
«yo no tengo estudios»,

«yo no tengo experiencia, soy demasiado joven para com-
prenderlo...»,

le has humillado.   Aunque seas realmente superior a él, has
de pedirle que te perdone.   Reconoce tu incompetencia en tal
o cual punto, reconoce el valor de un punto de vista distinto:

«tu opinión es interesante; reconozco que soy demasiado
intelectual; *me falta* el contacto con la vida»,
«razono ya como un viejo, tu reacción es reveladora, *me
aporta*...»,

...y el otro ante ti no será ya el pobre que recibe limosna sino
el igual que intercambia.

¿Quieres discutir con otro?   Comienza por conquistar su
simpatía; y si quieres conquistar su simpatía, comienza tú a
brindarle tu amistad.   De este modo, aunque el otro se te
presente como un adversario, un extranjero, un enemigo, no
pierdas un solo instante considerándole como tal; recógele,
ora y mírale como a un amigo, como a un hermano, como a
Cristo [1].

- Si el otro se entrega de lleno a la discusión, tú también.
No podéis oiros.   Antes de hablar, desentiéndete del problema, de los argumentos, de la solución.   Vacíate.   Tu orgullo y tu amor propio son malos consejeros.   Tu sensibilidad
todo lo enreda.   Hay que abordar la cuestión, vacío de todo
prejuicio, dispuesto a aceptar los argumentos del otro.

- No concedas la misma importancia a todos los problemas
y no te dediques con la misma energía a disertar sobre:

la mejor lejía, la que deja la ropa más blanca y sin
desgaste,
o el lugar ideal para el interruptor eléctrico,

1.  Cf. «¿Quién es el otro?», pág. 125.

o las ventajas y desventajas de la televisión,
o el problema de la colonización.

Antes de hablar, sobre todo antes de ponerte nervioso,
recógete un momento y juzga con objetividad la importancia
del tema.

- Comienza siempre por lo positivo. Conviene, ante todo,
que uno y otro podáis mutuamente deciros sí, en vez de no; de
otra manera, el mecanismo de oposición y de lucha se desen-
cadenará y los sí se opondrán a los *no* y los *no* a los *sí*.

- El otro, hablando, va más allá de su pensamiento. Tú
también. Por eso os encontráis el uno tan lejos del otro. De
hecho, los dos estáis próximos, vuestras opiniones no están
en oposición; al contrario, muchas veces se complementan.
Esfuérzate en comprender el aspecto que presenta el otro,
si quieres que él pueda comprender el que tú has expuesto.

- A un bebé de tres semanas se le dan 540 gramos de leche
por día; a uno de tres meses 720 gramos; a un adulto un filete; a un anciano enfermo un caldo ligero. Si das un filete
a un bebé no le «aprovechará» ¿Por qué no medir para cada
uno lo que de verdad se le acomoda? Ten paciencia. Por
querer dar demasiado corres el riesgo de que el otro no
«aproveche nada».

- Todos cambian de modo de pensar, a veces rápidamente;
no es frecuente que alguien cambie de modo de pensar por
los argumentos de otro que se empeñó en convencerle. Así
pues: si por auténtica preocupación por la verdad te empe-
ñaste en hacer cambiar a alguien, no te digas: voy a *demos-
trarle* que *yerra*, sino voy a *ayudarle a descubrir por si la
verdad*.

- Muchas veces el otro estaría dispuesto a aceptar «la» verdad pero rehusa «tu» verdad. ¿Por qué monopolizas la verdad? Existe independientemente de ti; de cada diez veces, nueve, haciéndola tuya, la desfiguras.

- Si quieres salir airoso en tus discusiones, olvídate de ti mismo, respeta al otro, no seas como el rico que da limosna al pobre, sino como el que se presenta al amigo para unirse a él y con él descubrir la verdad.

- ¿Se trata de una verdad religiosa? Entonces no olvides nunca que el Cristianismo no se demuestra con razonamientos e ideas, pues antes que una doctrina es una persona. La verdad es Jesucristo [1]. No se discute a Jesucristo, se le acoge. «Discutir religión» es ante todo ser testimonio y ayudar a encontrar a Jesucristo.

---

1. Cf. «El hombre "miope" o la "doble visión" del cristiano», pág. 197.

# INFLUIR EN OTRO ES CONFIAR

> *Hay muchas personas bien intencionadas que quieren influir en los demás. Pero, igual que en la discusión con otro, desde el principio se sitúan mal frente a su interlocutor. Antes de preocuparse por cuanto digan o hagan deben prestarse atención a sí mismos. ¿Quiénes son ellos y qué concepto tienen del otro? Quien se considere superior en todo, se condena a la ineficacia. Quien sólo siente compasión por el otro, es inútil que se presente ante él. Sólo el humilde puede tener éxito, pues está dispuesto a amar y descubrir en el otro riquezas, acaso ahora enterradas, que Dios ha puesto en él.*

- Si quieres influir en otro no olvides esta regla de oro: *No seas nunca destructivo sino siempre constructivo.*

- El otro es terriblemente sensible al juicio de quienes viven a su alrededor. Su indiferencia, su falta de confianza y aun más su desprecio, le paralizan y le condenan al estancamiento.

- Si quieres influir en otro, comienza por amarle sinceramente; si así no lo haces, no lograrás que adelante un solo paso. En seguida pon en él tu confianza, ocurra lo que ocurra; finalmente, admírale: hay siempre en otro algo que admirar.

- Ama, confía, admira en concreto. No basta que lo sientas en tu corazón. Exprésalo. El otro interpreta siempre el silencio como una reprobación, y cuanto más débil es, tanto más le invita este silencio al desánimo.

Piensa él:

«soy poco a sus ojos»,
«me cree incapaz, sin reacciones»,
«me desprecia»,
«sin duda le disgusto»,

y rápidamente saca esta amarga conclusión: «en el fondo, tiene razón».

- Frente al otro, no pienses nunca: soy superior a él; piensa: él me aventaja en esto. Si piensas lo primero, le aplastas; si lo segundo, le animas y le engrandeces.

- El otro aspira siempre a ser el que tú piensas y dices que es. Si piensas muchas cosas malas de alguien, no vale la pena intentar influir en él. Antes de abordarle, empieza por esforzarte en rectificar tu juicio.

- La alabanza sincera tiene un poder mágico. Si quieres que el otro progrese, felicítale sinceramente: siempre es posible. Mira al otro, ve sus cualidades, sus dones, ponlos a plena luz; muchos están ocultos, por negligencia, por desánimo. Devolvérselos es revelárselos a él mismo, es salvarle, pues Dios condena a quien entierra sus talentos.

- Buscando las cualidades del otro y alabándoselas, no eres un hipócrita adulador sino un adorador del Padre. Cuando con espíritu de Fe, te acercas religiosamente a otro, estás en el camino de Dios pues es Él quien hace a cada uno depositario de sus dones.

- Confía, confía siempre en el otro, a pesar de las apariencias, a pesar de los fracasos.

Si dices al otro: «contigo no es posible hacer nada», el otro que ya pasa lo suyo, pensará: «es verdad»... y no intentará nada.

Si dices al otro: «con esfuerzos y paciencia, lograrás con seguridad algo», el otro pensará: «acaso tenga razón» y se sentirá impulsado a probar.

- Si el otro ha robado, no le repitas continuamente: «eres un ladrón». Dile: «en el fondo, no eres un ladrón; lo que te ocurre es sólo una desgracia (o el fruto de una costumbre); pero con esfuerzos podrás superarlo».

- Si a pesar de todo has de echarle en cara algunos reproches, condenar una actitud, una acción, empieza felicitándole sinceramente por algo bueno: un progreso, un éxito. El reproche sólo avinagra, entorpece o desalienta. Si quieres que un reproche sea constructivo es preciso que prepares antes a quien lo ha de recibir.

- No se trata de aceptar lo malo sino de estimular lo bueno.

- No remuevas indefinidamente las cenizas, inclínate inmediatamente sobre la brasa encendida, por pequeña que sea; aliméntala, sopla, sigue soplando y encenderás un brasero... Es decir, excita en el otro el mínimo esfuerzo, el mínimo progreso y alégrate sinceramente si lo consigues. Tu alegría, tu admiración revelarán al otro sus posibilidades. Él creerá más en ellas, irá más de prisa, llegará más lejos.

- ¿Quieres influir en otro? Olvídate de ti mismo. Si piensas conseguir algo, estorbas. Sólo puedes preparar el terreno, abrir el camino. Hace ya mucho tiempo que Dios está en el trabajo que salva y redime.

Influir en otro es ir al encuentro del Amor todopoderoso, para que transforme su corazón.

- ¿Estás desanimado ante el pecado que compruebas claramente en el otro? Repítete las palabras de San Pablo: «donde abunda el pecado, sobreabunda la gracia» [1].

- No existe ni existirá nunca en el mundo quien, por bajo que haya caído, escape al amor infinito de Dios. No tienes derecho a dejar de amar y de confiar donde Dios ama y confía.

---

1. Romanos, V, 15-20.

# AMAR ES ENTREGARSE

*Entre los hombres, todo habla de amor, grita amor, canta amor, llora amor. En nombre del amor, trabajan, sufren toda su vida, se abrazan o se pelean, dan la vida o matan. ¿No es acaso la historia humana una impresionante búsqueda de amor, sembrada de maravillosos éxitos y de monstruosos fracasos?*

*Es cierto que la aspiración más profunda del corazón del hombre es el deseo de amar y ser amado, puesto que, en el pleno sentido de la palabra, su razón "de ser" es el* AMOR: *ha sido creado por amor, y para el amor y sólo en el amor puede desenvolverse. Pero existen múltiples confusiones sobre el amor. Esta palabra mágica, repetida a troche y moche, encubre formas de vida tan alejadas unas de otras como lo blanco y lo negro, la vida y la muerte. Intentar disipar estas confusiones, definir el amor en su valor absoluto, mostrar sus exigencias, es ayudar a los hombres a colocarse en el auténtico camino del amor... aunque éste sea tan sólo, al final, un ideal que guía y que nadie alcanza jamás en la tierra de un modo perfecto.*

- Es terrible el hambre que pasan los hombres; cada año mata millones de seres. Las privaciones de amor son más mortíferas aún; desintegran el mundo y la humanidad.

El hombre, con harta frecuencia, no sabe amar; cree amar y no hace sino amarse a sí mismo.

- A lo largo del camino que lleva al amor, muchos se detienen seducidos por los espejismos del amor:

Si te «emocionas hasta las lágrimas» ante un sufrimiento,

Si sientes *palpitar fuertemente el corazón* ante tal o cual persona, esto no es amor sino sensibilidad.

Si te «dejaste *prender*» en su poder pacífico o en su encanto,

Si, seducido, «*te abandonas*»,
    no es amor sino una rendición.

Si, turbado, te extasías ante su belleza y la contemplas para *gozar de la misma*,

Si su espíritu te parece distinguido y buscas el placer de su conversación,
    no es amor sino admiración.

Si quieres a toda costa conseguir una mirada, una caricia, un beso,

Si estás dispuesto a todo para tenerla en tus brazos y poseer su cuerpo,
    no es amor; es un deseo violento nacido de tu sensualidad.

Amar no es sentirse emocionado por otro,
    sentir afecto sensible por otro,
    abandonarse a otro,
    admirar a otro,
    desear a otro,
    querer poseer a otro.

Amar, *en su esencia, es entregarse a otro y a los otros.*

- Amar no es «sentir» [1].   Si esperas sentirte empujado al amor por la sensibilidad, amarás a pocos, en la tierra... y a buen seguro, no a tus enemigos.   Amar no es un paso instintivo sino la *decisión consciente de tu voluntad* de ir hacia los otros y entregarte a ellos.

- Juegas con harta frecuencia al Pulgarcito; siempre encuentras tu camino, el camino de ti mismo.   Extravíate, olvídate y amarás con más seguridad.

- El hambre te obliga a salir de ti para comprar tu pan.
   Abres tu puerta para contemplar el crepúsculo.
   Corres hacia el amigo que viste desde tu ventana.
   Del mismo modo, el deseo, la admiración, el afecto sensible, pueden desprenderte de ti mismo y arrojarte al camino de la entrega, pero no son aún el amor.   El Señor te los ofrece como medios — especialmente en la unión del hombre y la mujer — para ayudarte al olvido de ti y conducirte al amor.

- El amor es un camino con dirección única: parte siempre de ti para ir a los demás.   Cada vez que tomas algo o a alguien para ti, cesas de amar, pues cesas de dar.   Caminas contra dirección.

- Cuanto encuentras en tu camino está hecho para darte facilidades para amar más:

El alimento para desarrollar la vida que has de dar, momento a momento,

tu «mobylette» para ir más de prisa a darte,

---

1.  Para situar la sensibilidad en la vida, véase: «No rehusar, sino sublimar», pág. 33.

este disco, este film, este libro, para enriquecerte, sola-
zarte y prepararte para dar más,

los estudios para conocer mejor a los demás y prepararte
para mejor servirles,

tu trabajo para colaborar con tu esfuerzo en la construcción del Mundo y procurar pan a tu hogar,

el amigo para daros el uno al otro y, más ricos ambos,
daros a los demás,

el esposo, la esposa, para dar conjuntamente la vida,

el hijo para darlo al mundo, luego a otro...

Emprende la marcha. Acoge todo cuanto es bueno pero
para darlo todo. Si reservas en ti, para ti, algo o a alguien,
no digas que amas este algo o a esta persona, pues en el momento en que los coges para separarlos y guardarlos — aunque sólo sea por un instante — muere el amor en tus manos.

- Si cortas flores, es para atarlas en manojo.

Si las atas en manojo, es para ofrecerlo a la amada... pues
la flor no está hecha para que se mustie en tus manos sino
para dar alegría y fructificar. Si, cortándola, no te atreves
a ofrecerla, prosigue tu camino.

Igualmente, en la vida, si te sientes incapaz de pasar ante
un objeto o un rostro sin acapararlos para ti solo, sigue tu
camino. Para amar, hay que ser capaz de *renunciar a uno
mismo* [1].

Examina con frecuencia la autenticidad y pureza de tus
amores. No te limites a preguntarte: ¿amo? Di más bien:
¿renuncio a mí mismo, me olvido, me entrego?

---

1. Pero para que sea provechosa, la renuncia debe ser «positiva», debe
convertirse en ofrenda. Cf. «No rehusar, sino sublimar», pág. 33.

- No te forjes la ilusión del amor al dar cosas, dinero, un apretón de manos, un beso, incluso un poco de tu tiempo, de tu actividad... si no te das a ti mismo.

Amar no es principalmente dar algo, sino ante todo darse alguien. Amarás si *te das* o si te *derramas* por entero en tus dádivas, aun las más materiales.

- ¿Por qué llamar con silbos a tu perro si está atado y no podrá alcanzarte?

¿Por qué decir: me doy, si sigues siendo esclavo de las cosas, las personas o de ti mismo?

Si te «aferras a» tu estilográfica, a tus utensilios, a tus libros, a tus «negocios» o a tu obra, a tu acción o a tu comodidad, a tus gustos o a tus relaciones, a tus amigos por ser tus amigos, no podrás dar ni darte.

Si estás «atado» para poder amar, es preciso que «te desates».

- Estar «desatado» no es ser indiferente; al contrario, es apreciar, admirar, complacerse, amar de tal modo que no se quiera acaparar ni quedar un solo minuto sin dar a los otros provecho de las propias riquezas.

- El verdadero amor, como que «libera» las cosas y nos libera a nosotros mismos, nos vuelve libres.

- Ama más quien más se da. Si quieres amar sin límites has de estar presto a dar tu vida entera, es decir, presto *a morir a ti* en favor de los otros y de otro.

- Si crees que amar es fácil, te ilusionas. Todo amor, cuando es auténtico, te cargará tarde o temprano con la cruz, pues después del pecado cuesta olvidarse y morir a uno mismo.

Después del pecado, amar es ser capaz de *crucificarse por
los demás.*

– Si pretendes recibir, nada obtendrás.
Hay que dar.
Si das, diciendo: luego me tocará recibir, nada obtendrás.
Hay que dar sin esperar recompensa.
Si das lealmente sin esperar nada, lo conseguirás todo.

– Lo más difícil en el amor es el riesgo, la renuncia en la
noche, el paso hacia la muerte... para alcanzar la vida.
Por eso retrocedes con frecuencia ante el amor auténtico.
Dudas, engañado y seducido por la oferta inmediatamente
rentable de los amores falsos. Tienes miedo de no conseguir
y tomas un anticipo.

– Si amas, te das. Si te das a los demás te vuelves rico
de los demás. De este modo el amor engrandece infinitamente a quien ama, puesto que quien acepta desprenderse de
sí mismo descubre a los demás y se une a la humanidad
entera [1].

– El amor falso, el egoísmo, la vuelta a sí llevan siempre
consigo la decepción, la frustración de la persona, puesto que
es un fracaso de expansión, es envejecimiento, es muerte.
El amor verdadero ofrece siempre la alegría, puesto que
es expansión de la persona, perfeccionamiento, donación de
la vida.

– Cristo es quien más ha amado; no porque experimentó
más grande afecto sensible por los hombres, sino porque fue
quien más les dio

---

1. Cf. «Las dos dimensiones del hombre», pág. 23.

y lo más conscientemente posible,
y lo más voluntariamente posible,
y lo más gratuitamente posible.

- Si cesas de dar, dejas de amar.
Si dejas de amar, dejas de engrandecerte.
Si cesas de engrandecerte, dejas de perfeccionarte,
    dejas de expandirte en Dios,
puesto que amar es seguir el camino de Dios y encontrarle.

# AMAR A LOS DEMÁS ES LLAMARLES A LA VIDA

> *La sicología contemporánea reconoce que la raíz profunda de las perversiones morales es casi siempre una frustración de amor.*
>
> *Los sociólogos, reflexionando sobre el porvenir del Mundo y los males que le amenazan, se preguntan: ¿saben los hombres amar a sus hermanos? Parece, efectivamente, que el problema esencial se plantea en estos términos: en el Mundo ¿será más fuerte el peso del amor que da la vida que el peso del egoísmo que engendra la muerte? ¡Para salvar a la Humanidad hacen falta hombres que pasen su vida amando!*

- *Nunca podrás pecar de amor.* El pecado está en no amar o no amar suficientemente o amar mal.

- *Puedes amar a todos los hombres* puesto que amar no es «sentir» sino ante todo «querer»; querer el bien de los otros, de todos los demás, con todas tus fuerzas [1].

- «¡A éste no puedo verle!» No desesperes; la antipatía es instintiva. Mírala de frente, no intentes negar esta reacción de tu sensibilidad: acéptala convencidamente, como una

---

1. Cf. «Amar es entregarse», pág. 144.

prueba; busca en el otro cuanto tenga de amable... y luego intenta con todas tus fuerzas querer su bien.

- «¡Siento mucho afecto por esta personal» Mejor; te será más fácil amarla. Pero no te quedes en la emoción, pide a tu sensibilidad que te conduzca hasta el fondo de tu ser, allí donde la razón rige y la voluntad decide. En tanto no hayas optado conscientemente por el otro, te expones a gozarte en él en vez de darte a él.

- Si entre dos productos, casi idénticos, escoges uno por la recompensa que se te ofrece, no digas que lo prefieres por el mismo producto.
Si tratas a un amigo por la satisfacción que te proporciona, no digas que le amas... buscas el lucro.

- No digas: «¡Ya no le amo!» puesto que es confesar que no le has amado nunca de verdad.
Di más bien: «Ya no siento por él afecto sensible».
Pero si sigues amando a quien te ha decepcionado o perjudicado, señal es de que le amabas de verdad, puesto que le amabas a él mismo y no la idea que de él te habías forjado ni el lucro que de él esperabas.

- Quien ama a otro, le acepta desde un principio, tal cual es, tal cual ha sido y sin condición: tal cual será.

- Si dices: «Éste lo es todo para mí» y tus sentimientos, tus pensamientos, tu tiempo, tu actividad quedan efectivamente acaparados volviéndote inútil para los otros, tu amor es falso.
Si dices: «desde que te amo mi corazón se ha ensanchado»; y en efecto, eres más atento, estás más dispuesto y más entregado a los demás, tu amor es verdadero.

- No es amar a otro hallarle perfecto: Debes, por el contrario:

hallarle siempre perfeccionable,
querer que se perfeccione,
darte totalmente para perfeccionarle.

- Cuando lo hayas llevado todo a cabo para que tus hermanos puedan comer, alojarse, trabajar, instruirse, distraerse...
Cuando hayas luchado para que sean libres y responsables, no habrás hecho aún bastante si no sabes prestar atención, acoger, escuchar a los demás, si no te das a ti mismo.

- El amor da siempre la vida; el egoísmo da siempre la muerte.

- Estás llamado a la fecundidad, no sólo a la fecundidad física del hogar, sino también a la fecundidad espiritual, mediante la dávida del amor a tus hermanos.

- La rama caída del árbol se seca y muere; del mismo modo quien no es amado es un condenado a la soledad y a la muerte. Si llega un hombre para esperar en él, creer en él, entregarse a él, queda entonces unido a una persona y mediante ella a toda la humanidad.   Halló de nuevo la vida.

- Todos los condenados al estancamiento son mal-amados.
No digas nunca:

«¡con él no es posible nada!»
«¡en la situación a que ha llegado!»
«¡para nada nos va a servir!»
«¡inútil, perdemos el tiempo!»
«¡lo probé ya todo con él!»

Acaso has probado todos los métodos y sistemas, pero no has intentado amarle gratuitamente, sin esperar nada de él, simplemente porque el otro — quienquiera que sea — es amable, porque desde siempre ha sido amado infinitamente por Dios.

- Amar a tu hermano es llamarle misteriosamente, potentemente, desvelàrle de su sueño, revelarle a sí mismo, colocarle en el mundo dándole la vida.

- Nunca conseguirás que gane tu equipo si guardas el balón para ti solo.

Nunca podrás cosechar si no entierras el grano.

No podrás nunca hacer nacer la vida *si no das la tuya.*

# CASARSE

*¡Cuántos jóvenes piensan, al salir de la iglesia: "En fin, ya nos hemos casado, ya conseguimos nuestro propósito, se acabó ya todo, ya sólo nos toca cosechar alegría!"*

*No saben que todo empieza entonces, que no han llegado sino que parten. Ignoran que deberán casarse cada día para lograr ser «UNO». No creen que muy pronto se desengañarán el uno del otro si no se ofrecen, en Dios y por Dios, un amor infinito.*

- Cuando tu coche está en marcha ¿abandonas el volante y los pedales, bajo pretexto de que, ahora, ya corre?

Cualquiera que sea la edad de vuestro hogar, no estáis ni estaréis jamás totalmente casados. Tenéis que casaros cada día.

- Casarse es aceptarse mutuamente, unirse a otro, en los tres planos del ser: el físico, el sensible, el espiritual [1]. No juegues ni a ser ángel ni a ser bestia: sé un hombre.

- Para ser útil,
   la mesa debe apoyarse en sus patas,

---

1. Cf. «El hombre en pie», pág. 17.

la bicicleta en sus ruedas,
el techo sobre la casa.

Respeta en ti la jerarquía de tu ser; si no, tu hogar no estará sólidamente establecido ni rectamente equilibrado.

- El amor carnal, abandonado a sí mismo, no puede ser espontáneamente entrega a otro, pues un cuerpo, si no está penetrado de espíritu, sólo se busca a sí mismo. Si quieres amar, tu cuerpo ha de estar animado por tu espíritu y tu espíritu habitado por la gracia de Dios.

- El beso no es nada si no es indicio de amor; mediante él, dices al otro: «Deseo unirme a ti comulgando; quiero nutrirte, dándome a ti».

- El acto sexual es *darse* el uno al otro, conscientemente, voluntariamente y por amor, para *darse* a un tercero: el hijo; excluye pues, en su misma esencia, el placer egoísta.

- Para darte,

has de poseerte,
poseer tu cuerpo,
poseer tu corazón,
poseer tu espíritu.

No acabarás nunca de conquistar tu espíritu, y por tanto de darte y por tanto de amar. No habréis acabado nunca de casaros.

- No es fácil dejar de recoger algo para ti, con tu cuerpo con tu corazón o con tu espíritu... no es fácil amar de verdad; pero tenéis toda vuestra vida para *ayudaros mutuamente* amar [1].

_____

1. Cf. «No hay que desanimarse nunca», pág. 242.

- Tarada por el pecado, nuestra naturaleza ávida nos empuja a apropiarnos de las cosas y de las personas. Nos desvía de la entrega.

Necesitamos la gracia de la Redención para restituirnos al amor.

- En la encrucijada de tu amor se elevará siempre una cruz. Pero desde esta cruz, Cristo te invita a la unión.

En la muerte a ti mismo, únete a su propia muerte. Él te unirá a su Resurrección.

- No serás nunca un enamorado perfecto si no eres penitente y comulgante fiel.

- Encuentras muchas parejas, que caminan — la mano en la mano — porque es fácil unir los cuerpos.

Encuentras menos caminando con el corazón compenetrado, porque es más difícil amarse con ternura.

Encuentras muchísimas menos uniendo estrechamente lo más íntimo que en ellos hay, puesto que poquísimos casaron su alma.

- Casar vuestras almas es comunicaros confidencialmente, todas vuestras ideas, vuestras reacciones, vuestras impresiones, vuestras dudas, vuestros arrepentimientos, vuestros proyectos, vuestros sueños, vuestra alegría, vuestros desánimos... todo vuestro mundo interior y su evolución.

Casar vuestras almas es — mediante un intercambio — crear en vosotros la misma voluntad de acoger y amar a vuestros hermanos, de encontrar a Dios y de uniros a Él.

Casar vuestras almas es presentaros juntos ante Dios, despojados y transparentes el uno para el otro, como dos manos que se juntan para la plegaria.

- No trampees con el otro ni contigo mismo.   Mírate, habla:
es mediante la confidencia sincera como podréis uniros.  *Si
permaneces encerrado en ti, no podrás amar.*

- Has de entregar cuanto está en ti y no se ve desde fuera.
    Decidirte a amar es decidirte a romper tu autonomía in-
dividual, es aceptar la invasión de tu soledad.

- Os detenéis para

> decidir la compra de un mueble,
> discutir vuestro presupuesto,
> preparar vuestras vacaciones.

Vigiláis el peso de vuestro hijo,
Anotáis el desarrollo de su talla.
Observáis su aprovechamiento en los estudios.
    ¿Os detenéis, con regularidad, para comprobar la pro-
fundización de vuestro casamiento?
    ¿Sois hoy más «UNO» que ayer, y lo seréis mañana toda-
vía más?

- La flor se resigna a transformarse para convertirse en
fruto.
    El fruto se resigna a transformarse para convertirse en
semilla.
    La semilla se resigna a transformarse para convertirse en
        árbol vivo.

Si quieres amar has de resignarte a tu transformación,
    pues por el amor os abrís mutuamente a una nueva
    manera de ver, sentir, obrar, comprender, rogar; una
    manera complementaria que os enriquece;

mediante la donación cotidiana del amor, os *fecundáis*
    mutuamente, no en el plano puramente físico sino en
    todos los planos; aceptáis renacer, ser, propiamente

hablando, «recreados» lentamente.  Por eso el amor auténtico es forzosamente indisoluble.

- Los esposos que se separan destrozan a su hijo, se «desgarran» ellos mismos, pero no pueden «descasarse».

- La ruta del amor va del cuerpo al espíritu, de lo finito a lo infinito, de lo temporal a lo eterno.  Del mismo modo debe tu amor elevarse progresivamente en calidad, de una atracción y unión de los cuerpos a una atracción y unión de los corazones y luego a la comunión de los espíritus hasta llegar a las profundidades del alma habitada por Dios.

- Si sólo te casas con un cuerpo, pronto habrás acabado el descubrimiento y desearás otro cuerpo.
Si sólo te casas con un corazón, pronto lo habrás agotado y te sentirás atraído por otro.
Si te casas con «un hombre», más aún, con un «hijo de Dios» entonces, si quieres, tu amor será eterno; puesto que es lo infinito que se coloca más allá de ellos mismos lo que permite a un hombre y a una mujer eternizar su amor.

- Nadie se llega a llamar a una casa vacía y en ruinas.
Nadie puede beber en una fuente exhausta.
Seréis los dos aptos para el amor si habéis llegado a convertiros uno para otro en una fuente inagotable.

- Conscientemente o no, el voto del amor consiste en unirse a Dios.  Así pues, el casamiento total sólo puede realizarse en el sacramento, misterio infinito del Amor Trinitario, vivido por dos seres humanos reunidos en UNO.

- Si vivís vuestro sacramento del matrimonio, llegaréis a ser el uno para el otro infinitamente valiosos e inagotables, puesto que DIOS AMOR será ofrecido por vosotros a cada uno de vosotros mismos.

# ACEPTAR TU PROPIO HOGAR

> *Raros son los hombres que no pierden al meno.*
> *un poco de tiempo lamentando ser lo que son o*
> *no ser lo que desearían* [1].
>
> *En lo que respecta a los hogares, las ocasione*
> *para lamentarse se multiplican. Muchos esposo.*
> *piensan que equivocaron su matrimonio, se "tole*
> *ran" uno a otro.*
>
> *Aceptar al otro tal cual es, tal cual se ha id*
> *descubriendo en el transcurso de los días, cesa*
> *de acusarse mutuamente, superar el aparente fra*
> *caso, tal debe ser la voluntad de ambos, si un*
> *y otro quieren salvar su hogar.*

- ¿Renunciarás a construir esta casa porque el material en tregado no corresponde al encargo hecho?

¿Arrojarás la lana de tu jersey porque, según tu model no da tanto como prometía?

¿Abandonarás a tu hijo porque no tiene el temperamen y el carácter que esperabas?

¿Renunciarás a construir tu hogar porque tu marido n es el que habías soñado, porque tu esposa no era la qu esperabas?

---

1. Cf. «¿Cuándo, en fin, te aceptarás?», pág. 73.

- Si has casado tu sueño, obraste como un adolescente. Acúsate sólo a ti mismo y no acuses a tu cónyuge de no ser como tú habías imaginado.

- Si estás decepcionado y sigues en tu decepción, a tu pesar se te verá; y si se te ve, alejarás al otro un poco más de ti, puesto que el otro — para acercarse — necesita confianza.

- Tus lamentos son barreras que separan, cuando lo que conviene es unir.

- *Nunca es demasiado tarde para casarse, al fin, con quien comparte tu vida. Sólo falta que te decidas.*

- No puedes llevar a cabo un matrimonio de tres: tu esposo, tú y tu sueño. Si quieres seriamente casarte, divórciate de tu sueño.

- Si no puedes construir un castillo, puedes al menos construir una cabaña; pero no serás feliz en tu cabaña mientras sigas soñando en tu castillo.

- Estás decidido a romper con tu sueño, a abandonar tu castillo... ¿Es esto acaso renunciar a tus ilusiones? No; no podrás suprimirlas.

Empieza por *perdonar* a tu cónyuge, puesto que nunca le has perdonado que no sea como tú habías imaginado.

*Ofrece* a Dios tu decepción, tu sueño roto y todo cuanto en ti se ha nutrido de lamentos, rencores y desánimos.

*Acepta*, en fin, profundamente, la REALIDAD del otro y la de tu hogar.

- No se trata de «rehacer tu vida» sino de «rehacerte».

- Acaso nunca le has amado de verdad, puesto que le deseabas *para ti.*

O acaso no te ha amado él nunca de verdad, puesto que te deseaba *para sí*... y vuestros dos egoísmos se unieron un momento, forjándoos la ilusión del amor.

- Aunque el afecto sensible haya desaparecido, puedes amar, puedes querer su bien.

¡Pero él!... ¡Pero ella!...

No juzgues al otro, júzgate a ti mismo. Si realmente no te ama ya, ámale tú más y desinteresadamente. Raras son las personas que se resisten largo tiempo a un amor auténtico. Amando le ayudas a amar.

- Siempre estás pensando: me ha decepcionado.

Piensa, pues, también: le he decepcionado.

¡Fue él quien comenzó!

Entonces, a cada uno lo suyo; vuelve a amarle con un corazón totalmente nuevo.

- Si tu vaso está vacío, pueden llenarlo. ¡Pero si está lleno...!

Es la profundidad de tu alma la que mide la profundidad del amor que recibes.

- Dices que tiene todos los defectos.

Decías que tenía todas las cualidades.

Te equivocabas antes, te equivocas ahora también.

Posee cualidades y defectos y debes casarte con todo esto.

- ¡No es culpa mía, ha cambiado!

¿No serás tú quien ha cambiado?... y si ha cambiado ¿por qué asombrarte? Te has desposado con un ser vivo, no con una imagen pintada. Amar no es la elección para un momento sino para siempre.

- Amar a un hombre, amar a una mujer, es siempre amar a un ser imperfecto, a un enfermo, a un débil, a un pecador...

Si le amas verdaderamente, le curarás, le sostendrás, le salvarás.

- Amar puede llegar a ser en definitiva sufrir una vida entera; ¡ojalá lo pensasen antes de comprometerse los que se deciden a amar.

- El sacramento del matrimonio ha consagrado vuestra unión y os ayuda a realizarla cada día.

Sólo Cristo en el centro de vuestro hogar, podrá libraros del egoísmo y restituiros al amor; pero para entrar en vuestra casa, hoy como ayer, necesita un sí.

- Aceptar el propio hogar es aceptar al otro, pero es también aceptar a Jesucristo Salvador.

# SUFRIMIENTO OBRA TRÁGICA DEL HOMBRE

*Se acusa en nosotros, a nuestro alrededor y en todos los rincones del Mundo, la horrible y pertinaz presencia del sufrimiento y de la muerte. El hombre, desde siempre, ha chocado con ella. Abandonado a sus propias fuerzas para penetrar en su misterio sólo ha conseguido fracasar, lastimándose más aún. Sólo la fe cristiana permite al hombre acercarse a su secreto y librarle de la desesperación. Pero la paz sólo se encuentra al final de un largo camino. Quien sufre no debe maravillarse de sentirse más cerca del blasfemo que del "fiat", pero debe creer con todas sus fuerzas que Jesucristo le ayudará un día no sólo a comprender sino también a decir sí, utilizando de este modo el dolor para su propia salvación y para la salvación del Mundo.*

- ¿Por qué la rosa hiere a quien la corta?

¿Por qué el mar en furia devasta los continentes?

¿Por qué la radioactividad suelta, ataca a la humanidad en el centro mismo de la vida?

¿Por qué el corazón del hombre se malea al sentir el sufrimiento en sus miembros?

¿Por qué el corazón del hombre pena tanto como los cuerpos destrozados?

¿Por qué los hombres mutuamente se atormentan con crueldad?

¿Por qué el sufrimiento es siempre y en todas partes la compañía del hombre?

- Si algo está estropeado en la maquinaria de tu coche o si usas algo de modo indebido compruebas: — mi motor «sufre».

Si introduces — sin respetar el pensamiento del constructor — transformaciones que desnaturalizan completamente el motor, se para.

Del mismo modo los hombres introduciendo con el pecado el desorden en el Plan del Padre, han introducido en el Mundo el sufrimiento y la muerte.

- Por el amor y la obediencia y con la gracia de Dios, el hombre vivía antes del pecado en la armonía:

> armonía consigo mismo,
> armonía con los demás,
> armonía con el universo.

Por el egoísmo y el orgullo, el hombre privado de Dios, se condena al desconcierto consigo mismo, con los demás y con el universo. Se ha roto la difícil unión entre el espíritu y la materia. El divorcio entraña la lucha, las heridas, la muerte.

- No por voluntad de Dios sino por la del hombre sufre el hombre y muere.

- El salario del pecado es la muerte; el don de Dios en cambio, es la vida eterna en Jesucristo, Nuestro Señor [1].

- ¿Podría Dios acaso impedir el pecado del hombre?
  Sí; privándole de su libertad.

---

1. Romanos, 6-23.

- ¿Ama a su discípulo el profesor que le da la solución del problema para evitarle errores?

¿Ama a su pequeñín la madre que rehusa enseñarle a andar por miedo a que se caiga?

¿Ama a su hijo el padre que no le permite salir a distraerse por temor de exponerlo al mal?

¿Amaría Dios al hombre si le privase de la posibilidad de escoger, de vivir, de amar libremente?

- Si amas no debes privar a los otros de libertad para evitarles el mal, sino que debes aceptar los riesgos de equivocarse, de faltar, de sufrir.

Porque nos ama, ha aceptado Dios el riesgo del pecado.

- Con frecuencia puedes paso a paso seguir las consecuencias desgraciadas del pecado:

> tu orgullo «hiere» a otro,
> tu egoísmo le destituye,
> tu sensualidad le explota y le degrada;
> las grandes plagas: alcoholismo, perversión... engendran innumerables sufrimientos físicos y morales que repercuten indefinidamente;
> el descuido culpable de los pueblos privilegiados, su egoísmo o su racismo, toleran los tugurios, la depauperación, la falta de higiene, el analfabetismo... etc.

- No te quejas cuando te sientes bueno, aun debiendo tu salud a los otros (tus padres, los que te han preparado el alimento... etc.).

No te quejas por ser culto, aun debiendo tus conocimientos a tus maestros, a quienes escribieron los libros... etc.

¿Por qué quejarte pues de los sufrimientos que no ha «merecido»?

Si aceptas la solidaridad en el bien y sus venturosas consecuencias, has de aceptar también la solidaridad en los males y sus frutos de dolor.

- Eres uno con la Humanidad y el Universo:

respiras la atmósfera; ella se hace «tú»;

asimilas el jugo de la tierra, que se transforma en cuerpo tuyo, en tu ser;

Bebes rayos de sol que te nutren y te dan crecimiento...

Te aprovechas de todos los astros.

Te aprovechas de todos los hombres.

Te aprovechas de toda la materia y de todos los pensamientos.

Dependes de todo y de todos, pero influyes también en todo y en todos.

- En este gran Cuerpo Total donde el más ligero respiro repercute en toda la creación, cuando con el pecado introduces un desorden, has de renunciar muchas veces a saber en qué parte y cómo se localizará el absceso del sufrimiento.

De la misma manera, cuando sufres en tu corazón y en tu cuerpo; cuando los cataclismos se abaten sobre el Mundo, no te empeñes en conocer los orígenes del desorden. Acepta la misteriosa solidaridad de los seres y de las cosas, pero acuérdate siempre que *ni un solo pecado introduce el hombre en el Mundo que no produzca en alguna parte un sufrimiento.*

¿Puede Dios «alegrarse» del pecado que es desobediencia y falta de amor hacia Él?

¿Cómo podría «alegrarse» del sufrimiento que es la consecuencia inevitable del pecado?

- Siendo el sufrimiento un desorden profundo en el Plan de amor del Padre, como Dios, no debes nunca «resignarte» al sufrimiento. Encamínalo todo a luchar contra él:

contra el sufrimiento de los cuerpos: higiene, alimen-
tación, medicina, progreso científico en todos los
órdenes...

contra el sufrimiento de la humanidad: nuestras relaciones con los hombres, justicia, paz...

contra el sufrimiento de los corazones: educación,
amor...

contra el sufrimiento debido a la materia rebelde, a
los elementos desencadenados: investigación científica, técnica, trabajo...

- Cuando por amor y por el hombre te empeñas en la lucha
contra el sufrimiento, ten la seguridad de que unes tu voluntad
a la de Dios.

- Si quieres obrar con eficacia destruye el sufrimiento en
su origen: el pecado. Pero este origen no podrá ser totalmente destruido en el coraón del hombre. El sufrimiento
sigue y seguirá. ¿Hallarás el medio de servirte de él o te
hundirás en la desesperación?

- Los hombres modernos utilizan cada vez más los «sub-
productos»; recuperan las mermas perjudiciales en provecho
de la humanidad.
   Si la Fe esclarece el misterio del origen del sufrimiento,
ilumina también el misterio de su «recuperación» para la salvación del Mundo.

- ¿Quieres utilizar el sufrimiento, «Sub-producto» del pecado?
   Pide a Jesucristo *de qué manera ha convertido por amor
este sufrimiento en la materia prima de la Redención.*

# SUFRIMIENTO MATERIA PRIMA DE REDENCIÓN

> *Dios no quiso el sufrimiento, que no es su obra sino obra del hombre. El hombre debe aceptar ahora a la esposa que con absoluta libertad escogió para sí con el pecado. Matrimonio atroz, si Jesucristo no hubiese venido a librar el sufrimiento mismo de su monstruoso absurdo.*
>
> *Plantada en el Mundo por la rebelión del hombre, una cruz inmensa cubre con su sombra a la humanidad y al universo. Pero el amor de Jesucristo a su Padre y a los hombres ha convertido esta cruz en el camino de la resurrección.*

- El sufrimiento es tu compañero; y la muerte, desde el principio de los tiempos, te hace señas. ¿Qué vas a hacer?

  ¿Rebelarte?

  ¿Aguantar pasivamente?

  ¿Negar, intentando olvidar?

  ¿Quejarte a todos y vengarte?

Cualquiera que sea tu actitud no puedes desentenderte del sufrimiento ni sustraerte a la trágica sujeción a la muerte.

- Ante el sufrimiento de otro llegas en ocasiones a decir: «¡bien está!»

Dios, que es un Padre que ama infinitamente a sus hijos, no puede nunca alegrarse del sufrimiento. «Sufre» viéndote sufrir.

– Tras el pecado, que es

un desorden en el orden de la creación,
una rebelión del hombre contra Dios,
una recusación de amor al Amor,

el Padre no abandonó al hombre a sus propias fuerzas, no lo hundió en la desesperación, sino que «de tal modo le amó que le entregó a su propio Hijo...»

– Jesucristo, al venir a este mundo, encontró tres «criaturas» que no eran creación de su Padre: el pecado, el sufrimiento y la muerte.

Para devolver la paz y el amor al hombre, la armonía al mundo, tuvo necesidad de vencer el pecado, el sufrimiento y la muerte.

– De tu amigo dices:

le llevo en mi corazón,
por ser él, me avergüenzo de su pecado,
me duele su sufrimiento.

En efecto, es el poder omnipotente del amor el que une de tal manera al amante con el amado, el amigo al amigo, que todo lo une en sí.

Como Jesucristo amaba a los hombres con un amor infinito, a todos reunió en sí:

cargando con todos sus pecados,
sufriendo todos sus sufrimientos,
muriendo con su muerte.

- En el pleno sentido de la palabra, *víctima de su amor*, en la cruz, Jesús dijo a su Padre: «En tus manos encomiendo mi espíritu»; su espíritu, cargado de esta trágica cosecha:

> los pecados de los hombres: mira, Padre, tomo la responsabilidad de los mismos y *por ellos te pido perdón*, «bórralos»;

> los sufrimientos de los hombres junto con los míos, su muerte junto con mi muerte, *todo te lo ofrezco en penitencia;*

y el Padre le ha devuelto la VIDA; he aquí el misterio de la Redención.

- La madre acepta sufrir los dolores del parto porque de su sufrimiento ha de nacer la vida.

Pero lo que resulta odioso al hombre, lo que no puede resistir es *sufrir por nada.*

Si quieres que tu sufrimiento y el sufrimiento del mundo queden «compensados» y sirvan de algo, has de mirar, encontrar y unirte a Jesucristo en la Cruz.

- Por Jesucristo redentor, el sufrimiento inútil, absurdo y odioso, se convierte en materia prima de la redención.

- No es el sufrimiento en sí el que redime, *sino el amor* que en Jesucristo ilumina el don de este sufrimiento.

- No pueden amar el sufrimiento, que sigue siendo un mal, incluso después de la venida de Jesucristo; pero puedes amar la ocasión que te brinda de ofrecer y salvar.

- Tu jaqueca de hoy,

> esta desgana de todo tu cuerpo, derrengado de fatiga,

> este sufrimiento lancinante que muerde tu carne sin darte reposo,

esta inmovilidad dolorosa,

esta enfermedad,

este sufrimiento mortal, pequeño o grande, pasajero
o continuo: trabajo pesado o monótono, compromiso sindical o político, que acepta o rehusa, sensibilidad destrozada, fracaso de tus esfuerzos,
caída humillante...

Todos tus sufrimientos,

Cristo ya los ha pasado,
ofrecido;

los ha aceptado ya el Padre de manos de su Hijo, en
penitencia de los pecados;

por el amor de Jesucristo han ya redimido el Mundo

Sólo te falta ya juntarte con el Salvador en el dolor de
cada uno de ellos; míralos de frente; y verás que el Salvador
te hace señas; entonces

libremente *sopórtalos con Él*,

libremente *ofrécelos con Él*,

y libremente *salvarás el Mundo con Él*.

- Todos los sufrimientos de la Humanidad son detalles e
el tiempo de la pasión de Jesucristo.

El camino del Calvario pasa por todos los campos de ba
talla del Mundo, por los tugurios, por los hospitales, por lo
ambientes de trabajo, por las calles de tu ciudad o de t
pueblo...

El camino del Calvario pasa por todos los caminos de lo
hombres; pero si encuentras y sigues a Jesucristo, el camin
del Calvario te conducirá a *la Resurrección*.

- El Salvador no ha inventado ni escogido su cruz, sin
que ha tomado la que los judíos y todos los hombres coloca
ban sobre sus hombros.

Antes de buscar tú mismo penitencias, acepta los sufrimientos de cada día. Escoge la cruz de turno y no la cruz a tu medida; de otra manera vas a creer que eres más fuerte y más apuesto que los demás.

- Si podas el árbol por el gusto de cortar ramas,
  si entierras el grano para alegrarte sabiendo que se pudre,
  si pegas a tu hijo por el gusto de verle sufrir,

eres un bárbaro y un desequilibrado peligroso,

  pues el corte del podador busca la belleza del fruto,
  el grano enterrado, la riqueza de la espiga,
  el castigo del hijo, su desarrollo de hombre.

De la misma manera, la penitencia cristiana *no es nunca* un sufrimiento «inútil», sino que es siempre una renuncia a los frutos silvestres o a los frutos deteriorados para conseguir una espléndida cosecha.

- El sufrimiento es en el mundo la señal sensible del pecado.
  El sufrimiento aceptado y ofrecido es, en Cristo, la señal sensible de la Redención.

- Ningún pecado queda redimido sin el sufrimiento ofrecido por Jesucristo Salvador.

- Tus sufrimientos de cada día, plenamente aceptados y ofrecidos al Padre, son tus acciones apostólicas más eficaces.

- No conviertas la cruz en una alhaja,

      en un instrumento de entrenamiento deportivo,
      en un arreo de teatro para llamar la atención sobre ti,
      en el obstáculo odiado de tu ruta diaria;

la cruz es el instrumento cotidiano de quien quiere *con Jesucristo y por amor, salvar al hombre y el Mundo.*

## PERFECCIONAR Y REDIMIR EL UNIVERSO CON DIOS Y CON TODOS LOS HOMBRES

*Para muchos hombres, dadas las condiciones en que se desenvuelven, el trabajo es una carga. Algunos cristianos lo consideran como un castigo.*

*Sin embargo, el trabajo es noble. Por medio de él, el hombre colabora con Dios en el perfeccionamiento de la creación y se une a todos los hombres. Pero el pecado está en el trabajo y en el Mundo como el gusano en la fruta; debe ser redimido. Solamente el cristiano puede hacer que Jesucristo Redentor penetre en el interior del trabajo y por él en el corazón del universo.*

*Por el trabajo el hombre colabora en la creación, pero también en la redención.*

- Dios ha dado a los hombres toda la tierra en gerencia, para que *todos juntos* la hagan fructificar, se sirvan de ella y se la ofrezcan en homenaje.

- El campesino siembra el trigo y Dios lo hace crecer.
El Creador ofrece las piedras y el albañil construye.
En todo trabajo el hombre colabora con Dios.

- Dios está en el fondo de todo trabajo.
Trabajar es apresurarse a la cita con Dios, para obrar con Él. Entonces el trabajo puede ser una plegaria.

- Dios, como que nos ha hecho a su imagen, nos ha hecho creadores [1].

Con tu trabajo colaboras con Él en la ordenación y perfeccionamiento de la Creación.

- El Padre confía tanto en el hombre que le deja la iniciativa en la transformación del Mundo. Le procura los materiales básicos, pone su poder, pero es el hombre quien ordena y construye, cuando quiere, como quiere.

- Con tu trabajo consumas tu propia creación.
Te desenvuelves físicamente, intelectualmente...
Aumentas tu poderío sobre las cosas.
Te vuelves más creador, es decir, más hombre.

- Con tu trabajo comulgas con todos los hombres, puesto que el hombre no crea nunca solo, necesita de los demás para vivir y construir.

Hasta el artista, para pintar sus cuadros, necesita de hermanos que le fabriquen pintura y pinceles; y para fabricarlos estos hombres necesitan de otros hombres.

Para cocer un solo bocado de pan,
para enroscar un solo tornillo,
para llenar de letras una sola hoja de papel,
el hombre necesita del esfuerzo de todos los hombres de la tierra.

- Tú no trabajas, principalmente
      para alimentar a tus hijos,
      para asegurar tu porvenir,
      para ganar dinero;

---

1. En este capítulo, cuando la palabra creador se aplica al hombre debe entenderse en el significado de pro-creador (creador con Dios). Hablando con propiedad el hombre no es nunca creador (el que saca algo de la nada).

trabajas, en primer lugar, para servir a tus hermanos; y tus hermanos, en cambio, te dan lo que sirve de alimento a tus hijos y asegura tu porvenir.

- Con frecuencia el trabajo:

> aplasta al trabajador,
> divide a los hombres,
> hunde al Mundo y desvía los bienes de la creación en provecho de algunos,
> yergue al hombre orgulloso, como rival de Dios.

Sin embargo, el trabajo debe

> desarrollar al hombre,
> fundir a toda la humanidad en un mismo esfuerzo,
> arreglar y perfeccionar el Mundo en provecho del hombre,
> dar gloria al Padre.

- El Creador, cuando creó el universo, lo creó perfecto: «y vio que era bueno».

Todo estaba en orden:

> el mundo bajo el dominio del hombre,
> el cuerpo del hombre, dependiendo de su espíritu,
> el alma del hombre, unida a Dios por el amor.

Es:

> la rebelión del alma contra Dios
> la que arrastra la rebelión del cuerpo contra el espíritu
> y la rebelión del Mundo contra el hombre.

Todo es ahora desorden. Hay que «reparar» al hombre, «reparar» el Mundo.

- Dios había dicho: «poblad la tierra
   y sometedla».
   Dijo: «tendrás hijos con dolor» [1]
   «ganarás el pan con el sudor de tu frente».
   El alumbramiento del hombre y su educación inicial,
      misión más propia de la mujer,
   el «alumbramiento» del universo y su construcción,
      misión más propia del hombre,
a causa del pecado, resultan penosos.

- El trabajo no es un castigo.
   La educación del hijo no es un castigo,
pero estas dos «creaciones» en el momento actual resultan do-
lorosas para el hombre, puesto que hay que «reparar»; este
sufrimiento, si tú quieres, puede convertirse en Redención.

- A causa del pecado original,
   a causa del pecado inscrito cada día en tu corazón,
no puede ya haber en el mundo creación lograda ni redención aceptada.

- El verdadero trabajo debe procurar alegría, puesto que
en los límites de toda redención florece la resurrección.

- Tu trabajo ha de ser redimido.
   El único Redentor eficaz es Jesucristo.
   Tu trabajo, para ser bello y grande, necesita de Jesu-
cristo.

- Cristo fue carpintero muchos años. Salvó al mundo, en
primer lugar *trabajando*.

---

1. No sólo ponerlos en el mundo físicamente, sino «sicológicamente», es
decir, formarlos, educarlos.

- Te corresponde a ti introducir a Cristo Redentor en el trabajo humano:

> tu alma de bautizado,
> tu inteligencia de bautizado,
> tu corazón de bautizado,
> tus manos de bautizado,

deben coger las cosas y redimirlas con el trabajo cotidiano, allí donde el Padre te ha enviado en misión.

Con ellas debes luchar en el mundo del trabajo contra las injusticias, las despersonalizaciones, las divisiones, el odio...

- A ti te corresponde bautizar el combate obrero. Cristo Redentor luchando contra el pecado, te precedió en el campo de batalla; pero si quieres encontrarle de nuevo y unirte a Él:

> en el sindicato,
> en la elección de los representantes,
> en el comité de la empresa,
> en la firma del convenio colectivo,
> en la huelga...

debes unirte al alma viva de la Fe, de la Esperanza y de la Caridad.

- Tu lucha deja de ser eficaz cuando no es ya, en Cristo, una lucha de amor.

- Es preciso convertirte en un «hombre nuevo» en Cristo para que con tu trabajo y tu entrega al Mundo del trabajo la tierra se convierta en una «tierra nueva».

- La pereza es negarse a colaborar con Dios en el propio perfeccionamiento y en el perfeccionamiento del Mundo.

- Arreglado con arte sutil, el manojo de la florista es espléndido; pero el ramo inhábil del niño, preparado con mucho amor, resulta infinitamente más precioso para el corazón de la mamá.

Poco importa

> construir un puente maravilloso,
> ser autor de una obra genial,
> o teclear, en la máquina de escribir, una carta insignificante en la más oscura de las oficinas;

lo que importa es estar en el sitio que nos corresponda y manar la máxima redención posible, en este instante y en este pedazo de la creación.

- No esperes el paraíso en la tierra; vivirías como un iluso, pues del mismo modo que sólo serás «perfecto» en el cielo, el universo sólo quedará definitivamente logrado después de la resurrección de la carne.

Pero lucha con todas tus fuerzas mediante el trabajo y en el mundo del trabajo, puesto que el paraíso del cielo afinca sus raíces en lo hondo de la tierra.

- Debes fortificar y embellecer tu cuerpo; pero es tu alma quien la ilumina con auténtica belleza.

En la resurrección, tu carne será transfigurada en la medida en que la luz de Dios penetre en tu alma.

Debes preocuparte del mundo, construirlo mediante el trabajo más perfecto y bello que te sea posible; pero es materia y espera de ti un «alma».

En la resurrección, la creación quedará embellecida por la perfección técnica, por el genio del arte, pero ante todo y sobre todo *por el amor sembrado en ella por quienes la perfeccionaron.*

# TU HERMANO SUFRE Y MUERE

*Es espantosa la miseria de los pueblos subdes-
arrollados y alarmante la inconsciencia de los pueblos desarrollados que no ponen todo su esfuerzo
en salvar a sus hermanos que sufren. Por falta
de amor el abismo entre privilegiados e indigen-
tes se ensancha de día en día. El mundo de mañana arriesga su tranquilidad. Un cristiano no
puede dormirse ante la responsabilidad que tiene
de todos los hombres; el Señor le encargó amar
a los otros como a sí mismo.*

*Hemos escrito estas líneas inspirados en el pen-
samiento y en frases del Abbé Pierre. Las citas
directas son escasas, porque lo más importante en
este asunto ha sido recogido en conversaciones
con él* [1].

- Sabemos ya que en el mundo dos de cada tres de nuestros
hermanos están desnutridos; y que millones de ellos no tienen
cobijo, no pueden ir a la escuela, etc.

Si no ponemos todo nuestro esfuerzo en salvarlos, la miseria de la Humanidad nos condenará.

---

1. Leed *L'Abbé Pierre vous parle.* Éditions Le Centurion (Bonne Presse);
*Emmaüs 1959,* de l'Abbé Pierre. Éditions du Soleil Levant.

- «¿Qué has hecho tú?» — sigue diciendo el Señor; la voz de la sangre de tu hermano llega clamando desde la tierra hasta mí [1].

- Frente a un invasor, las naciones movilizan todas sus fuerzas económicas y humanas para salvar a su pueblo.

Frente a la miseria, enemiga declarada de dos tercios de la Humanidad, si el tercio privilegiado no moviliza todas sus fuerzas económicas y humanas perecerá.

- Es muy cierto que es una sola la guerra absolutamente justa siempre: la guerra contra la miseria. (Abbé Pierre)

- Dando algo, salvamos a muchos hombres; pero como no lo damos todo, impedimos a estos hombres que vivan con decencia y sobre todo, con dignidad; es decir, por sí mismos, no de limosna.

Como consecuencia estos hombres se armarán un día para arrojarnos y destruirnos. Puesto que no los amamos bastante, nos odiarán.

- Dando algo, permitimos a muchos el acceso a un mínimo de cultura.

pero como no lo damos todo, les impedimos que hallen en sí mismos los medios de superar su miseria.

Como consecuencia, estos hombres sabrán cada vez más que sufren, que continuarán sufriendo... y se rebelarán.

- Pocos son los hombres que odien alguna vez a quienes les han amado con sinceridad; es decir, a quienes se entregaron con absoluto desinterés: no sólo desinterés material sino incluso con la renuncia de todo deseo de que se lo agradezcan.

---

1. Génesis IV, 10.

- La norma de la decadencia de

> una persona
> una sociedad
> una Iglesia

se manifiesta al servir ante todo a los más poderosos, a los más ricos, en vez de servir primeramente a los que más sufren, a los más pobres.

- La inconsciencia y la falta de madurez de los pueblos privilegiados son espantosas: se gastan millones para salvar a un hombre extenuado, perdido en una cima nevada, o para dar con un náufrago, y al mismo tiempo se deja morir de hambre a millones de hombres a quienes un puñado de arroz salvaría.

- Cuando los esposos disputan o se enojan ¿cuál es el remedio más eficaz para poner fin a sus querellas y disconformidades? La abnegación por el hijo enfermo o agonizante.

Los hombres de hoy no conseguirán la unificación de los barrios, de las ciudades, de las naciones, del mundo, si no movilizan todas sus fuerzas para ayudar a sus hermanos que más sufren.

- Desde el momento que el hombre convierte su bienestar en fin, decae y muere.

Hay que volver a dar al hombre de Occidente, esclavo de necesidades cada día más tiránicas, una razón válida de vida o condenarse a desaparecer.

> por sí mismo, con una disgregación interna
> o a manos del innumerable ejército de los que sufren,

que acabarán por sublevarse de un modo irresistible.

- La única razón de vida válida para el drama esencial del mundo moderno, es no ya tan sólo la lucha contra la injusta desigualdad de las clases sociales sino la lucha contra el espantoso subdesarrollo de pueblos enteros.

- El hombre se salva únicamente cuando se convierte en salvador.  (Abbé Pierre)

- Quien quiera que seas, lector de este libro, aun si eres pobre, eres privilegiado viviendo en un país privilegiado.  Todo privilegio es una responsabilidad.

Privilegio del dinero y de los bienes materiales,

> de la salud
> de la cultura
> de la educación
> de la fe.

Cuanto más importantes sean tus privilegios tanto mayor es tu responsabilidad y tanto más dura será tu reprobación si no te sirvieron para el bien de todos.

- Imagina que por una coincidencia de circunstancias extraordinarias ignoras que uno de tus hermanos vive, sí, pero en indigencia y en grave peligro de muerte: no eres responsable de su salvación.

Pero desde el momento en que conoces no sólo que vive sino también que sufre, si no pones todos tus esfuerzos en salvarle, quedas definitivamente reprobado ante los hombres y ante Dios.

- ¿Osarías decir: esta semana no he pegado a mi mujer, no he envenenado sus alimentos... luego la amo?

Pues no digas tampoco: «esta semana no perjudiqué a mi prójimo»; luego le amo, estoy en paz.

- El Señor no sólo nos manda «no perjudicar al prójimo» (los paganos pueden vivir así) sino también amar a nuestro prójimo como a nosotros mismos.

- «Si amarle como a mí mismo» no significa ayudarle antes que a mí mismo cuando es menos dichoso que yo ¿qué sentido puede tener? (Abbé Pierre)

- «Ayudar antes que nosotros a quienes sufren más que nosotros.» (Abbé Pierre)

- Si puedes ser feliz sin los demás,

si tus contemporáneos pueden ser felices sin los demás,

tú y tus contemporáneos seréis reprobados, porque «amarás al prójimo como a ti mismo» no es un «consejo» evangélico sino un precepto. El consejo es: «Ve, vende todos tus bienes y sígueme.»

- Si directa o indirectamente das las sobras de tus bienes, no eres caritativo... no admirable: cumples con tu deber y nada más que tu deber.

Dar tus sobras no significa precisamente distribuirlas, sino hacerlas fructificar en provecho de los demás.

- No se trata de aspirar a que los hombres sean iguales en todo, sino

de luchar contra una excesiva desigualdad

y «convertir» a quienes atesoran a expensas de sus hermanos.

Los hombres están hechos para intercambiar sus riquezas por amor.

- Si alguien se ahoga ante tus ojos, no pierdas el tiempo diciendo: «Culpa suya; debería saber nadar.» Sácalo del agua y enséñale a nadar.

Y si no quiere aprender no creas ya que has acabado tu tarea: has de persuadirle y ayudarle a querer.

- No digas de un hombre (o de un pueblo) : «Culpa suya, si vive en la miseria; debía haberse espabilado como yo». **Te** condenarías.

No por estar menos dotado que tú ni porque tenga menos posibilidades materiales ni incluso porque sea perezoso, depravado, tienes derecho a robar lo que debería pertenecerle.

Pero si tienes más dotes que él, si son mayores tus posibilidades materiales, si eres más intrépido, más virtuoso... debes ayudarle con todas tus fuerzas a capacitarle para salvarle a sí mismo.

De modo que nunca ha de acabar uno de amar...

- Como que no eres responsable de la miseria del mundo de un modo «individual» sino «colectivo»

tampoco eres responsable de su salvación de un modo «individual» sino conjuntamente con los hombres privilegiados.

A responsabilidad colectiva corresponde el deber de comprometerse a un esfuero colectivo.

- No digas: «Nada puedo hacer». Puedes hacer mucho:

no sueñes con hechos extraordinarios; pero examina con claridad las posibilidades de tu vida cotidiana:

primero y ante todo, comprométete en tu ambiente a luchar en el seno de los organismos profesionales, políticos, familiares...

De este modo lucharás directa o indirectamente contra la miseria y para el «mejoramiento humano».

Sacrifícate económicamente de vez en cuando a favor de los movimientos que trabajan para la liberación de los más necesitados.

Procura enterarte personalmente y hacer que se enteren los que te rodean de la angustia espantosa de los pueblos subdesarrollados. La opinión pública es cada vez más poderosa y conviene que pese con toda su fuerza en el despertar de la conciencia de los individuos y de los pueblos privilegiados.

Cada día en tus plegarias acuérdate de la Humanidad de la que más sufre.

- El precepto es para todos, el consejo para algunos. A algunos, solteros o casados, acaso se les pida más.

La perfección del amor estriba en convertirse en «uno de ellos», uno de entre los que más sufren, para descubrir con ellos, desde el fondo de su miseria, los medios y el poder de la salvación.

- En el Juicio final, ante «todas las Naciones reunidas» ¿qué te dirá el Señor?

«Tuve hambre y me diste de comer; tuve sed y me diste de beber; no tenía cobijo y me acogiste; andaba desnudo y me vestiste; estuve enfermo y me visitaste; encarcelado, y viniste a mí...» O acaso tendrá que decirte: «no me diste de comer, no me diste de beber...» [1]

En esto estriba el éxito o el fracaso de tu vida y de la vida de las Naciones privilegiadas. Si lo ignoras, el resto es pura ilusión.

---

1. Mateo: XXV, 31-46.

# COMPROMETER TODA LA VIDA PARA SALVAR ENTERAMENTE AL HOMBRE

*"Compromiso" es una palabra muy en boga hoy en día. Se emplea para significar la entrega de los hombres a sus hermanos, especialmente en su lucha a favor de las "estructuras" y condiciones de vida más humanas.*

*El hombre no puede amar a Dios si no ama a sus hermanos y no ama a sus hermanos si tolera sin reaccionar que sufran. Cuanto más progresa el Mundo tanto más se inserta el mal en la vida política, económica, social; en las organizaciones, reglamentos, leyes...; en las cosas mismas, en todo este conjunto que se llama "las estructuras". El hombre sufre con ello. No podemos ya contentarnos, para librar al hombre, con una "ayuda" individual, por generosa que sea; hay que entablar la lucha en el plano mismo de estas estructuras. No obstante, el cristiano no debe olvidar jamás que a través de sus compromisos, es el hombre, en definitiva, quien ha de salvarse y el Reino el que ha de construirse.*

- Si dejas abandonado en la carretera a un herido grave sin prestarle ayuda, serás castigado por falta de asistencia a una persona en peligro de muerte.

Jesucristo te dijo que si pasas indiferente ante un hermano que sufre, *no tendrás la vida eterna* [1].

- Saber

> que hay hombres que mueren de hambre,
> que viven en chozas o no tienen siquiera casa,
> que están sin trabajo o cobran un jornal mísero,
> que son esclavos de sus contratos de trabajo,
> que son analfabetos, abatidos por epidemias, viejos desamparados... etc.

saber todo esto y no hacer nada, es firmar ante Dios la propia condenación.

- En la tierra no son muchas las maneras de amar a Dios, sino una sola: darse a los hermanos. Pero son múltiples las maneras de darse a los hermanos.

- Si intentar expansionar tu «vida interior» sin expansionar tu «vida externa» con tus hermanos, eres un completo iluso, puesto que en vano pretendes unirte a Jesucristo en el silencio de tu alma, tolerando que te llame, mientras sufre y muere a tu lado.

- Si el Padre te ha colocado en el Mundo y en él te conserva, no digas: «tengo una vocación especial».
> o «ayudo a los hombres — espiritualmente —».
Es en tu casa, barrio, ambiente de trabajo... etc. donde tus hermanos te esperan y tú no puedes esquivar un amor fraternal concreto.

---

1. Cf. La parábola del buen Samaritano (Luc. X, 25 a 37); el Juicio final (Mat. XXV, 31 a 46): «tuve hambre... estaba desamparado».

- Es cierto que Dios puede pedir a algunos una parte más importante de contemplación en su vida, pero — salvo excepción que habría que comprobar — no dispensa jamás, por esto, de un amor que ha de traducirse en actos.

- Unos religiosos que hubiesen perdido la preocupación por los hombres, no sólo por su pobreza espiritual sino también material, serían religiosos que habrían perdido el sentido de Dios y de su amor.

- Desconfía de la evasión desde las cimas.
Has de crecer infinitamente «por arriba» [1],
pero sin cesar de tocar tierra «por abajo» [2].

- Cuanto haces por aliviar de un modo concreto los sufrimientos de tus hermanos garantiza la autenticidad de tu amor a Dios.

- Si ves a dos hombres que se pelean, los separas; pero intentas también arreglar el motivo de su litigio.
Si el agua de un grifo envenenó a muchos, cuidas a los enfermos, pero te preocupas también de que el agua sea desinfectada.
El sufrimiento de los hombres proviene de múltiples causas; debes aliviar a tus hermanos pero también atacar las causas de sus males.

- No se trata sólo de salvar a los individuos sino toda la vida humana y lo que la constituye: es decir, la realidad de hoy, sea política, económica, social...
Debes demostrar tu amor fraternal dedicándote no sólo al servicio particular de tus hermanos, sino también al servicio

---

1. Cf. «El hombre en pie», pág. 17.
2. Cf. «Las dos dimensiones del hombre», pág. 23.

de toda la comunidad humana, con la actuación sobre las «estructuras».

- En la empresa, tu compañero a duras penas gana su vida; tú, con mucho desahogo. Si personalmente te sacrificas mucho para ayudarle, digno eres de loa; pero ¿y los otros? ¿y las causas?...

Algún ejercicio perfecto de caridad en las relaciones individuales puede a veces tranquilizar tu conciencia y ocultar la tarea inmensa de la entrega total a toda la comunidad y a beneficio de estructuras más justas y más humanas.

- Eres testigo de un robo. Si nada haces para impedirlo, si nada haces luego para darlo a conocer, eres cómplice y mereces reprobación.

En el Mundo eres testigo de la falta de amor, de las injusticias que llevan consigo sufrimientos de todas clases a una parte considerable de la humanidad. Si nada dices, si nada haces, eres cómplice: *cargas con otros el peso de estos pecados.*

- El Mundo está de tal modo viciado en sus estructuras que a veces te ves obligado a participar en el mal:

    el obrero en la fábrica debe fabricar bombas,
    el comerciante debe vender alcohol,
    el abogado debe anotar divorcios,
    el empresario, para conseguir encargos, debe repartir «a hurtadillas»...

hay que pasar por ello; sólo puedes resignarte a estos males a condición de «dedicarte» a luchar contra ese Mundo en desorden.

- «Ante todo sufrimiento humano, en la medida que puedas: dedícate no solamente a aliviarlo sin demora sino también a destruir sus causas, dedícate no sólo a destruir sus causas sino también a aliviarlo sin demora.

Nadie es, en verdad, ni bueno, ni justo, ni verdadero, mientras no esté decidido según sus medios a consagrarse con corazón fraternal, con todo su ser, a una de estas dos tareas» [1].

- Si todos los hombres tuviesen
>   comida,
>   un techo, un automóvil,
>   una nevera eléctrica...

Si todos los hombres tuviesen
>   una sólida instrucción,
>   una profesión.

Si los sabios y los técnicos hubiesen sojuzgado la tierra, los médicos dominado el cáncer, la poliomielitis, la lepra y todas las otras enfermedades...

Si la sociedad estuviese económicamente, políticamente, socialmente... sanamente estructurada,

¿sería acaso el Mundo un paraíso donde los hombres vivirían felices?

No; a menos que el corazón del hombre hubiese cambiado.

- Debes comprometerte y luchar con todas tus fuerzas para lograr estructuras y condiciones de vida más humanas; pero debes evitar la ilusión de su omnipotencia salvadora.

- ¿Hay que cambiar, primeramente,
>   al hombre,

---

1. Tomado de la «Regla de vida de los Compañeros de Emaús», citado l frente de la revista *Faim et soif.*

las mentalidades
o las estructuras?

Trabaja para cambiarlo todo al mismo tiempo.

Pero no olvides que en definitiva es siempre el hombre a quien hay que ganar, puesto que es el hombre quien está en juego.

– El mal está en el hombre y es tan hondo que ningún hombre puede arrancarlo sin el auxilio de Dios.

El mundo necesita al cristiano (hombre-Cristo), necesita de ti para salvar al hombre y las estructuras.

– El hombre es «uno»; con un mismo esfuerzo hay que salvar al hombre íntegramente y no su cuerpo hoy y su alma mañana.

– Debes salvar el Mundo, es tu vocación de hombre.

Debes salvar el Mundo en Cristo, es tu vocación de cristiano; pero es uniendo la misma actitud, cuando al entregarte tú, «hombre-cristiano», salvas el Mundo y lo salvas en Cristo.

– Todas tus entregas deben ser vistas y vividas en la Fe.

– Eres miembro del gran cuerpo-Humanidad,
eres miembro del gran Cuerpo místico.

En un cuerpo cada miembro desempeña su oficio.

No son la fantasía ni el capricho los que deben presidir la elección de tu entrega sino la voluntad de corresponder sobre todo al deseo del Padre.

– Es mirando

los dones que el Señor ha puesto en tus manos,
el lugar donde te ha enviado,
las personas entre las que te ha puesto,

como descubrirás la tarea que te señala.

- Si vives en equipo pide ayuda y orientación a tus hermanos; unidos tenéis que salvar el Mundo.

- Muchos, débiles o cobardes y en ambos casos egoístas, se sientan para no verse obligados a andar.
Es preferible arriesgarse a mancharse un poco al andar que morir sentado.

- El valor de la entrega no proviene de la importancia humana de la misma, sino del grado de presencia, de disponibilidad y amor que entraña esta entrega.

- Entregarte con eficacia y de verdad supone:

    que iluminado por la fe,
    confiando con esperanza,
    devorado de amor por la caridad,

te insertas a ti mismo e insertas tu acción en el Plan del Padre.
Entonces puedes decir con lealtad: «Padre nuestro, que estás en los cielos, *venga a nosotros tu reino.*»

# EL HOMBRE Y SU VIDA EN CRISTO

# EL HOMBRE «MIOPE» O LA «DOBLE VISIÓN» DEL CRISTIANO

*El hombre moderno, cuando reflexiona, se inquieta, hasta se angustia frente al Mundo. Si bien es cierto que cada vez lo comprende más, lo domina y lo domestica con brío, sigue siendo incapaz de darle un sentido. Con la Fe, el cristiano penetra el misterio del Mundo.*

*No obstante, demasiados "creyentes" reducen la Fe a una Fe humana: para el "intelectual" es un conjunto de buenos principios; para el virtuoso, un código de vida moral; para el piadoso, el cumplimiento de ritos religiosos; pero ¿para cuántos la Fe es esta Luz que ilumina toda la vida y la orienta hasta en sus menores detalles?*

‒ Allí donde tú sólo ves una gota de agua, el sabio, a través del microscopio, ve un mundo de vivientes que se agitan.

Allí donde tú sólo veías una «cosa», el poeta, el artista, ve los indicios de una realidad superior y más bella.

Allí donde el hombre sólo ve personas vivientes y sucesos producidos por el azar, el cristiano ve Hijos de Dios que crecen y el Reino del Padre que se establece.

‒ Desde la Encarnación, la tierra está traspasada de cielo, y cada cosa, cada acontecimiento, cada persona tiene un doble aspecto: el terrestre y el celestial. Tan sólo el cristiano

puede contemplar el universo y la humanidad en toda su
verdad, puesto que sólo él posee la Fe, esta «doble visión»
que le permite penetrar, atravesando las apariencias, el Mundo
en su TOTALIDAD.   Así pues, tu Fe no es un límite sino una
expansión; por ella cambias tu miopía por la mirada misma
de Dios.

- Tus sentidos te procuran una visión de carne.
  Tu inteligencia, una visión de razón.
  Tu Fe, una visión de Cristo.
  Con la visión de Cristo inyectada en la tuya, puedes co-
nocer a Dios, el universo, a los hombres y a ti mismo, como
Él las conoce y como se conoce a Sí mismo.

- Tú no puedes adquirir la infinita riqueza de la Fe.   Es
un don de Dios.   Es el maravilloso regalo que Jesucristo en
el bautismo te da por mediación de la Iglesia: «¿Qué pides
a la Iglesia de Dios? —La Fe».   Pero si Jesucristo se te entregó para invadir todo tu ser y elevar infinitamente tu inteligencia, te conviene luego conservar su amistad y «adherirte» a Él siempre más íntimamente.   *Creer es siempre encontrar a Jesucristo para desposarse con su manera de* VER.

«Yo soy la Luz del Mundo.   Quien me sigue no anda en
tinieblas, sino que tendrá la Luz de la vida» [1].

- Entre los hombres que se llaman creyentes hay quienes
piensan creer:

      yo tengo «mis creencias»,
      soy «intelectual», inculco «buenos principios» a mis
            hijos,
      la Fe «sirve en la vida» principalmente en las tribu-
            laciones,

------

1. San Juan, VIII, 12.

tengo «mi» conciencia,
soy creyente: rezo, voy a misa, cumplo con Pascua
y me someto a la abstinencia del viernes.

Hay quienes piensan que ya no creen o que creen más
imperfectamente:

ya no creo como antes,
esto ya no me dice nada,
nada siento, mi Fe disminuye,
tengo dudas sobre la Fe,
he perdido la Fe;

unos y otros desnaturalizan la Fe, languidecen en la duda y
la mediocridad, o viven en la ilusión y el error. No saben
qué es la Fe.

- La Fe no es:

una impresión o un sentimiento,
una postura de optimismo frente a la vida,
la satisfacción de una necesidad de seguridad.

No es tampoco:

una opinión,
una regla de vida moral,
una convicción fundada en un razonamiento,
una evidencia científica,
una costumbre sociológica, fruto de la educación.

La Fe es ante todo una *gracia* (recibida en germen en el
bautismo), es decir, un *don de Dios*. Esta gracia nos ayuda
a *encontrar a una persona viviente, Jesucristo,* y nos permite
adquirir la certeza de que esta Persona ha dicho la verdad,
y su Testimonio — palabra y vida — es fiel. Fuerte con esta
certeza, la Fe consiste, pues, en *proyectar su mirada* sobre
nosotros mismos, sobre los demás, sobre las cosas, sobre la

Humanidad, sobre la Historia, sobre el Universo, sobre el mismo Dios, y *entregarse en función de esta mirada.*

La verdad, para el cristiano, antes de ser una doctrina es una Persona: «Yo soy *la verdad*». En este Mundo, la señal de nuestra adhesión a esta Persona es nuestra adhesión a la Iglesia, puesto que la Iglesia es Cristo continuado.

- La inteligencia te encamina a la Fe, pero no puede dártela. En efecto, si bien es razonable creer, ningún razonamiento puede llegar a deducir la Encarnación de Dios en Cristo, la unidad de la naturaleza divina en tres personas, la adopción divina de este norteafricano o aquel negro, el perfeccionamiento del misterio de la creación en la construcción de este puente, el nacimiento de este niño; el perfeccionamiento del Misterio de la Redención en este enfermo del hospital.

- La imaginación y la sensibilidad son todavía más incapaces de hacerte creer o de aumentar tu Fe. No te alarmes porque no sientas nada; al contrario, sólo cuando te hayas resignado a no comprender ya nada al modo humano, y a no comprobar ya experimentalmente nada, entrarás de verdad en la Fe. Si quieres comprender y ver como Dios, has de aceptar morir como hombre.

- La propaganda consigue vender más Omo que Persil o más Persil que Omo; pero la propaganda no puede dar la Fe. La propaganda depende de la técnica; la Fe, como que es un don de Dios, depende de la plegaria.

La propaganda cohibe la libertad; la Fe, siendo respuesta personal del hombre a Dios, reclama libertad total.

Para ayudar a tu hermano, no hay que demostrar, sino amar y orar; no hay que persuadir sino transmitir la Palabra y dar testimonio.

- Si quieres perfeccionarte y perfeccionar tu vida no te contentes con la miopía del hombre. Encuentra a Cristo, únete a Él, y procura pensar como Él, reaccionar como Él, «ver» como Él, vivir como Él. Él te dará Su Mirada y conocerás el verdadero sentido de la vida y del Mundo, y luego estarás con Él, y en Él serás un VIDENTE eterno.

# PARA TENER UNA «BUENA VISIÓN» DE FE

> La Fe es un regalo de Dios. "Nadie puede
> venir a Mí, dice Cristo, si mi Padre que me ha
> enviado, no le atrae" [1]. Pero puesto que la Fe
> es también una respuesta personal del hombre,
> puede el hombre, con la gracia de Dios, colabo-
> rar en su desarrollo. Todo está empeñado en la
> fidelidad a Cristo por medio de la Iglesia. Creer
> más será adherirse siempre más a Cristo, a través
> del Evangelio, la plegaria, los sacramentos y la
> vida de cada día.

- La Fe recibida en el bautismo es una semilla; pero la
semilla está hecha para producir una planta y la planta para
producir un fruto.

- Tu Fe puede crecer, pero no

  buscando indefinidamente nuevas «razones» para
  creer,

  ni «imaginando» la bondad, el poder, el amor de Dios,

  ni intentado «sentir» la presencia del Señor,

  ni persuadiéndote de que crees más.

---

1. San Juan, VI, 44.

TRIUNFO                                203

Tu Fe crecerá si te comprometes a seguir a Cristo, no sólo con actos de religión sino con cada acto, *durante toda tu vida:* «¡Si quiere alguien ser mi discípulo, sígame!»

«Sólo cuenta la Fe que obra con la Caridad» [1].

- Tu Fe puede disminuir, puede morir. ¿Cómo? Abandonando a Jesucristo para volver a tus ídolos.

¿Cuáles son tus ídolos?

¿Tu cuerpo? tal o cual pasión...

¿Tu inteligencia? el apego a tal idea, a un método, a unos medios...

¿Tus riquezas? ¿cuáles?

¿tu último cobro?

¿tu aparato de radio?

¿tu aspirador?

¿tu lavadora?

¿tu coche?

o la acción por la acción, puesto que amas «el despilfarro»;

o la producción por el provecho, puesto que quieres ganar dinero;

o la lucha obrera por la lucha, puesto que amas la pendencia, porque eres apasionado, porque «les tienes ganas» a quienes son injustos.

No puedes servir a dos señores. Has de escoger. *La Fe es escoger a Jesucristo...* y todo lo demás, pero *para Jesucristo* y para el Reino del Padre.

Si tu fe disminuye es siempre una vuelta a ti y una recusación de entrega.

- ¿Tienes «dificultades» en la Fe? ¿Cuáles?

---

2. Gálatas, V, 6.

¿Obstáculos intelectuales? — No te pelees con las ideas, encuentra a Jesucristo y a su Luz. Reflexionarás inmediatamente con más tranquilidad y mayor provecho.

¿Obstáculos contra la Iglesia? — No te estrelles contra los estandartes, los cirios, las sotanas, las pláticas morales, las condenaciones..., corre hacia Jesucristo. El Señor, viviendo en el Evangelio, en la Eucaristía, te dará a entender que Él es el mismo Señor que vive en la Iglesia.

¿Obstáculos morales? — Implora a Jesucristo; Él te ayudará y perdonará, mediante el Sacramento de la Penitencia. Tu mirada de Fe volverá a recobrar su claridad; ya que si tú quieres ver lejos has de salir de tu casa.

- Tranquilízate; si eres leal y generoso, tus crisis de Fe serán sólo crisis de crecimiento. Los obstáculos son ocasiones de ascensión; como la presa que obliga al agua a elevarse para darle una potencia nueva. Pero cuanto más adelantes en la Fe, tanto más encontrarás la noche, pues sobre la tierra Dios seguirá siendo siempre un Dios oculto. La luz de los hombres es impotente para descubrirle; ella misma es un obstáculo, el obstáculo más sutil, pues desde que te resignas a «ver» humanamente a las personas, los acontecimientos, el Mundo, tu visión de Fe se empobrece.

- No seas raquítico de Fe. Desarróllate armoniosamente y no te contentes — en la edad adulta — con tu Fe de adolescente... o quizá de niño.

- El adolescente descubre que él es una persona única, un mundillo distinto del mundo exterior. Se inventaria a sí mismo temblando, luego tranquilizado poco a poco, a medida que se va comprendiendo y convirtiendo en maestro de sí mismo. Absorto un momento en su propio problema, eleva los ojos y, adulto, descubre el Mundo y su lugar activo en el Mundo.

Paralelamente, en general, la Fe del adolescente lleva al encuentro del Cristo histórico, persona viva con la que puede establecer relaciones de persona a persona, hasta llegar a la más estrecha amistad.

La Fe del adulto, conservando y desarrollando esta unión profunda, le lleva al descubrimiento del *misterio del Cristo Total:* el Cristo, centro de la historia y abarcándola toda; centro del mundo y trabajando en el Mundo, con su Espíritu Santo, para que se establezca verdaderamente su Reino.

- Si vives con una Fe adulta, no se tratará ya para ti de tabicar tu existencia: a un lado, la vida cristiana; al otro, la vida, sin más. Existirá únicamente un gran esfuerzo pacífico de todo tu ser para adherirte, en Cristo, con Cristo, por Cristo, a través de la más breve palabra tuya y el más insignificante de tus gestos, al Plan del Padre, que se desenvuelve en el Mundo.

Habrás triunfado cuando puedas decir lealmente: «¡Mi vida es Cristo!»

# DIOS HABLA O ENCONTRAR A JESUCRISTO

*El hombre no podrá jamás perfeccionarse ni lograr el éxito del mundo si no encuentra a Jesucristo.*

*La religión del hombre se quedará siempre en puros gestos, vacíos de sentido, en vago sentimentalismo, en busca de seguridad o en simple hábito sociológico, mientras no haya acogido interiormente a Jesucristo. Y el Señor vive en el Evangelio, nos espera, para entablar con nosotros un misterioso diálogo.*

*Muchos cristianos fracasan en su comunicación con el Evangelio, porque no perseveran, están faltos de disponibilidad o peor aún, quizás: ignoran cómo hay que entrar en la Sagrada Escritura. No se trata de "adaptar" el Evangelio, de darle al Evangelio aspectos humanos, sino de enseñar a los hombres qué es el Evangelio y cómo deben considerarlo para alimentarse del mismo.*

- ¿Te aburre el Evangelio?

Sólo conoces algunos pasajes, vagamente escuchados durante la misa del domingo.

¿Has abierto tu Evangelio, de vez en cuando, y «nada» en él has encontrado?

El Evangelio no es un libro mágico que se consulta una sola vez, de paso, para hallar en él la solución de una problema grave.

Tú has leído el Evangelio con regularidad, fielmente, porque te lo han dicho ¿y «nada te ha aprovechado esta lectura»?

Será porque entras en el Evangelio como en un libro corriente y no buscas en él lo que en él debes hallar.

Si vas al Evangelio ante todo como

un científico [1],
un historiador,
un partidista;

Si buscas ante todo

emociones,
ideas,
recetas religiosas,
reglas morales,

te equivocas y pronto quedarás decepcionado; te pareces al cristiano que mira y remira el copón y olvida la hostia.

- Si penetras en el Evangelio como en un libro humano, sólo hallarás en él ideas y recetas humanas. Si te acercas a él como a una obra dictada por el Espíritu Santo, sus palabras serán, en ti y en tu vida, semillas de eternidad.

- ¿Quieres comulgar auténticamente con el Evangelio?

Has de *acercarte religiosa y desinteresadamente* a él
para ESCUCHAR y VER (es decir, contemplar)
a *Jesucristo* VIVO
*que se dirige hoy a ti* mediante su vida y sus palabras.

---

1. No excluye esto, naturalmente, la necesidad de un estudio científico del Evangelio. Pero en este caso es otra actividad que no se sitúa directamente en el mismo plano, en el de la vida espiritual.

- Consciente o inconscientemente tiene hambre de Evangelio.

Te da miedo el silencio absoluto, puesto que cuando te alejas de los demás sólo oyes tu voz sin eco y este angustioso monólogo te inquieta y espanta.

Las palabras del otro te decepcionan, puesto que mueren y no llenan tu silencio.

Tú tienes necesidad de una palabra que resuene en el infinito.

Respeta esta hambre puesto que ella es en ti esta partícula de amor creador que llama al Amor, para conversar. Es el hambre de una Palabra viva e infinita, es el hambre del Evangelio.

- Dices: «Hablo a Dios y no me responde». Te equivocas. Desde toda la eternidad eres un llamado al diálogo.

Toda la historia de la Humanidad está jalonada de esfuerzos de Dios para entrar en conversación con el hombre. «Muchas veces y de diversas maneras Dios habló en otro tiempo a nuestros padres por medio de los profetas; pero últimamente nos ha hablado por medio de su Hijo» [1].

Si te quejas del silencio de Dios es porque no prestas oído al Evangelio.

- En el Evangelio, Dios entabla conversación contigo. Respóndele. De este modo puedes conversar con Jesucristo vivo.

La felicidad del enamorado consiste en manifestarse poco a poco al amado. También Dios, enamorado infinito del hombre, se le revela en la Escritura. Su alegría está en confiarse al hombre. ¿Estás atento a las confidencias que te hace Jesucristo?

---

1. Hebreos, I, 1.

- ¿Dejarías sin leer la carta de tu novio colocada sobre la cónsola? ¿Por qué dejas, sin abrirlo, tu Evangelio en el armario?

Hoy, en correos, hay una carta del Hijo de Dios, para ti. ¿Qué te comunica Jesucristo en la jornada de hoy?

- Jesucristo ha legado a la Iglesia su Cuerpo, pero también le ha legado su Palabra. En la Eucaristía, Jesús vive; en el Evangelio, habla. Acércate al Evangelio como te acercas a la Eucaristía; tú puedes incansablemente comulgar con la Palabra que no se agotará nunca, puesto que «viva es la Palabra de Dios» [1], dice San Pablo.

- ¿De qué sirve descolgar el teléfono si no has empalmado con la línea?

¿De qué sirve abrir tu Evangelio si *antes* no has pedido línea para estar, mediante la fe, «en comunicación» con la divinidad?

No puedes encontrar al Señor y comprender su Palabra si no has pedido al Padre que sea el guía que te conduzca al Espíritu Santo, el intérprete que te traduzca.

- Jesucristo no habla tu mismo lenguaje, por eso te cuesta comprenderle.

Hablas de eficacia; Él dice: por la cruz,

hablas de influencia en el Mundo; Él dice: siendo el último,

hablas de poder; Él dice: siendo un pequeñuelo,

hablas de riqueza; Él dice: desposándose con la pobreza.

---

1. Hebreos, IV, 12.

Jesucristo no tiene tus mismas ideas

ni tu misma mentalidad,
ni la misma manera de vivir,
ni los mismos métodos,
ni el mismo criterio.

¡Es difícil comprenderse cuando no se habla el mismo lenguaje! Resígnate a sentirte transformado en tu manera de ver las cosas.

- No esquives el Evangelio. Si dices:
A Fulano le aprovecharía leer este pasaje... nada has comprendido, puesto que es *a ti* a quien se dirige el Señor. Si no dices:

«Señor, gracias»,
«Señor, perdón»,
«Señor, heme aquí»,

la Palabra
no te ha alcanzado, aunque eras tú el blanco.

- Como que lo lees habitualmente, asimilas las ideas de tu diario.
Como que miras y admiras a este hombre, acabas por reaccionar y pensar como él.
Como que amas a este amigo, te le asemejas y vives a su manera.
Leyendo habitualmente el Evangelio, adquirirás poco a poco la mirada, los sentimientos, los pensamientos, el criterio, la mentalidad de Cristo.
El que se familiariza con el Evangelio se asemeja forzosamente a Jesucristo.

- «Proclamar el Evangelio durante todo tu vida» (Padre de Foucauld) no es predicar de pie sobre una mesa en la fábrica, en la oficina, en el colegio; es estar tan dispuesto amoldarse y tan amasado de Evangelio que tus sentimientos, tus pensamientos, tu criterio, tu mentalidad se conviertan en los de Cristo. De modo que cuanto más medites el Evangelio, más evangélico, más apostólico serás.

- No dices: «Acabo de comer y no estoy más fuerte».
No digas tampoco: «He aquí que llevo ocho días nutriéndome del Evangelio y nada ha cambiado en mi vida».

- ¿Qué esperas de tu amor sino ante todo ser amado? Los regalos seguirán luego. Sé desinteresado ante el Evangelio. Medita desinteresadamente, procura sólo no esquivar el Amor.

- Si buscas artificiosamente «aplicaciones» del Evangelio a tu vida, sólo descubrirás recetas humanas. Deja al Espíritu Santo que Él mismo te inspire, cuando quiera, el papel que Cristo desea desempeñar sirviéndose de ti. Si eres fiel y atento, te quedarás sorprendido viéndole intervenir con frecuencia. Es esto el *Evangelio en la vida*.

- En reuniones, en círculos de estudio, di que no se trata principalmente de hacer un «comentario» al Evangelio, un «intercambio de ideas» sobre tal o cual pasaje, sino un acuerdo común en la fe en cuanto el Espíritu Santo nos ha dado a descubrir [1].

- En la meditación del Evangelio sois dos los que obráis.
Tú, recogiéndote y disponiéndote a recibir a Cristo;
el Espíritu Santo guiándote hacia el Señor y transformándote en Él.
Si dices: «No está a mi alcance; el Evangelio no me aprovecha en nada»; o piensas únicamente en *tu* acción, o pesas la acción del Espíritu Santo con balanza y pesos humanos.

---

1. Lo cual supone la meditación personal durante la semana o la quincena.

No te desanimes nunca.

Si tú lealmente lo has intentado, el mismo Espíritu Santo logró un éxito seguro.

- Penetrar en el Evangelio es ante todo disponerte a aceptar en ti una acción de Dios, puesto que no eres cristiano porque amas a Dios sino primeramente porque crees que Dios te ama y te dejas amar por Él.

- Corre al Evangelio.   No faltes a la cita de Dios.

Quien desee vivir plenamente su cristianismo no puede resignarse a verlo recluido dentro de los estrechos límites de algunas actitudes religiosas, o limitado a la aplicación de las grandes líneas de una ley moral. Quiere que su fe alcance dimensiones adultas, dando un sentido, aun en los menores detalles, a su existencia y a la existencia de la Humanidad y del Universo.

Ambiciona vivir su religión (*religar* al hombre y el Mundo a Dios) con toda su vida, encontrando a Cristo en todas partes y siempre, en el centro mismo de esta existencia concreta a donde ha sido «enviado» no como a una asechanza sino como a una cita del amor de cada instante.

Para conseguirlo hay que mirar con mirada nueva la propia vida, la vida de los hermanos, la del propio ambiente; con mirada de fe y de esperanza que reclama una respuesta de caridad. Debe descubrir «el Plan del Padre en el Mundo», «las verdaderas dimensiones del acontecimiento», y ejercitarse en la «revisión de vida».

# EL PLAN DEL PADRE EN EL MUNDO

*Me permito transcribir aquí la página central del libro Prières, sin la cual las demás no tendrían sentido, puesto que la mirada de fe sobre el Mundo que ella intenta arrojar, ilumina la realidad cotidiana en su verdad más esencial.*

*Sólo quien se esfuerce cada día en conseguir esta mirada de Dios sobre la vida, atravesará el mundo de las apariencias y desembocará en la impresionante Historia Sagrada de la Humanidad y del Universo.*

## QUISIERA SUBIR MUY ALTO

Quisiera subir muy alto, Señor,
por encima de mi ciudad,
por encima del Mundo,
por encima del Tiempo.
Quisiera purificar mi mirada y que me prestases tus ojos.

$$* \quad * \quad *$$

Vería entonces el Universo, la Humanidad, la Historia, tal
como los ve el Padre.
Vería en esta prodigiosa transformación de la materia, en esta
perpetua ebullición de vida,

tu gran Cuerpo que nace bajo el soplo del Espíritu.

Vería la bella, la eterna Idea de Amor de tu Padre, que se
realiza progresivamente:

Todo compendiado en Ti, las cosas del cielo y las de la tierra.

Y vería que hoy como ayer todos los detalles por pequeños
que sean participan en ello,

cada hombre en su puesto,

cada grupo

y cada objeto.

Vería esta fábrica y aquel cine,

la discusión de los convenios colectivos y el lugar de la fuente-
término.

Vería el precio del pan que se fija en un cartel y el grupo de
jóvenes que va al baile,

al pequeñuelo que nace y al viejo que muere.

Vería la más insignificante partícula de materia y la mínima
palpitación de vida,

el amor y el odio,

el pecado y la gracia.

Asombrado, comprendería que ante mí se desarrolla la Gran
Aventura de Amor iniciada en la aurora del Mundo,

la Historia Sagrada que según la promesa sólo acabará en la
gloria tras la resurrección de la carne,

cuando Tú te presentes ante el Padre, diciendo: Ya está.
Soy el Alfa y la Omega, el Principio y el Fin.

Entonces comprendería que todo se sostiene,

que todo es sólo un mismo movimiento de toda la Humanidad
y de todo el Universo hacia la Trinidad. en Ti y por Ti,
Señor.

Comprendería que nada es profano: ni las cosas, ni las personas, ni los acontecimientos,

sino que, al contrario, todo es sagrado por su origen divino.

Y todo ha de ser consagrado por el hombre divinizado.

Comprendería que mi vida, inperceptible respiración en este
                                        Gran Cuerpo Total,
es un tesoro indispensable en los Designios del Padre.
Entonces, cayendo de rodillas, admiraría, Señor, el misterio
                                        de este Mundo.
que, a pesar de las innumerables y horribles fallas del pecado,
es una larga palpitación de amor, hacia el Amor eterno.


                        *    *    *


Quisiera, Señor, subir muy alto,
por encima de mi ciudad
por encima del Mundo,
por encima del Tiempo.
Quisiera purificar mi mirada y que me prestases tus ojos.

# LAS VERDADERAS DIMENSIONES
# DEL ACONTECIMIENTO

*Al igual que la vida del Mundo, el aconteci-
miento que es sólo una partícula de esta vida,
lleva oculto un sentido profundo.*

*Sólo el cristiano, que posee la fe, puede des-
cubrirlo y aún se necesita ejercitar esta fe y estar
presto a responder a sus exigencias.*

¡No me di cuenta!
¡Tenía que ocurrir!
¡Ya pasará!
¡Era preciso!
¡Nada puedo hacer!
¡Así son las cosas!
¡Es la suerte!
No tienes derecho a hablar así. Te equivocas. Nada de
cuanto existe y de cuanto te ocurre es profano. Se construye
un mundo nuevo. El universo era caos y se ha convertido en
taller: ¡es el Reino del Padre que se expansiona! Los hom-
bres estaban dispersos y se han unido en un solo Cuerpo:
¡es el Cristo místico que crece! *El Acontecimiento* [1] es un
*momento de esta gran aventura.*

---

1. El «hecho» se dice en Acción Católica.

- El más insignificante guijarro, la planta más minúscula son preciosos puesto que Dios con su acción está presente en ellos.

La más leve partícula de vida es inestimable, puesto que va llena de todo el misterio de Cristo.

- La importancia del suceso no estriba en la extensión y brillo de su «superficie» humana sino en su infinita profundidad.

Tu pan de cada día, de cada instante, el acontecimiento.
En la Eucaristía, Jesús te invita a comulgar con su propio Cuerpo;
en el Evangelio, con su Palabra;
en el acontecimiento, con su Obra.

- Presta oído al acontecimiento que te susurrará el deseo que el Señor tiene sobre ti.

- En el acontecimiento, Dios traduce para ti su Evangelio a lenguaje de vida.

- Si la profundidad del acontecimiento es infinita, su amplitud es inmensa como la humanidad, puesto que el más insignificante acontecimiento alcanza a todos los hombres, tus hermanos, sin limitaciones de tiempo ni de espacio.

- Con tu respuesta al acontecimiento comprometes la felicidad o la desventura de toda la humanidad.

El acontecimiento es

llamada de los hombres,
seña de los hombres,
invitación de los hombres.

Es
>llamada de Dios,
>seña de Dios,
>invitación de Dios.

Con tu mirada sobre el acontecimiento,
>estás atento a los hombres y a Dios,

Con tu presencia en el acontecimiento,
>te vuelves apto para los hombres y para Dios.

Con tu acción en el acontecimiento,
>das en la vida a los hombres y a Dios una respuesta
>de amor.

— Si no estás muy íntimamente unido a los hombres y a Jesucristo; si tu acción no está penetrada de la eficacia infinita de Dios, es que no comulgas con Él en el acontecimiento; y quizás ni siquiera ves, principalmente, el «misterio oculto en el acontecimiento».

Para responder a él como cristiano has de dedicarte a la lectura del acontecimiento a la luz de la fe.

# LA RE-VISIÓN DE VIDA

> *Quien dos o tres veces por semana o aun cada noche* [1], *solo, o en su hogar si es casado, re-visa su vida a la luz de la fe, puede tener la seguridad de que se va acercando progresivamente a una auténtica vida cristiana madura.*

– Como hombre, no vives con plenitud tu vida [2]:

como cristiano, tus espaciadas referencias a Cristo, superficiales o interesadas:

Señor, te ofreco cuanto *he hecho*,

Señor, ayúdame (...a realizar lo que me *he propuesto*), no constituyen auténtica *vida* de fe.

Si quieres descubrir tu vida concreta a la luz de la Fe, juzgarla y organizarla en la paz y en la realidad sobrenatural de la Esperanza, vivirla en unión con Jesucristo y tus hermanos, en la Caridad, has de dedicarte cada día a re-visarla bajo un resplandor completamente distinto del de la eficacia humana.

– El deportista se entrena.

---

1. Y si es posible, al comienzo, por escrito: cf. el «Carnet de militante» de la Acción Católica de los jóvenes.
2. Cf. «Vivir su vida o la fidelidad en el momento presente», pág. 119. «Reflexionar y decidir, para llegar a ser hombre», pág. 104.

El obrero aprende su oficio.

El artista lleva a cabo muchos «ejercicios» antes de producir una obra maestra.

¿Por qué no haces tú otro tanto para vivir una auténtica vida cristiana?

- La re-visión de vida no es:
  un examen de conciencia [1],
  una comprobación de tus propósitos,
  un ejercicio de «atención»,
  un medio de discernir tus acciones,
sino una visión nueva (re-visión) de tu vida, con una mirada distinta a la de tus sentidos o tu inteligencia: la mirada de la fe [2].

- Si tu corazón está cerrado,
  puedes acercarte a la Eucaristía sin recibir la amistad de Jesucristo;
  puedes leer el Evangelio sin entender las Palabras de Jesucristo,
  puedes revisar tu vida sin ver a Jesucristo que te invita.
Antes de comenzar a revisar tu vida pide a Dios que purifique tu plegaria y te preste sus ojos.

- El astrónomo no observa todo el universo; escruta con detalle un rincón del cielo.

El sabio, en su microscopio, aísla las bacterias para estudiarlas.

---

1. El examen de conciencia es una mirada *a la conciencia para medir el valor moral* de nuestros actos. La revisión de vida es, ante todo, una mirada *a la vida para contemplar* a Jesucristo, que con ella nos solicita.
2. Cf. «El hombre "miope" o la "doble visión" del cristiano», pág. 197 La visión de vida no se coloca pues al nivel de la reflexión humana, sino al de la contemplación cristiana. Ella es, como lo es la meditación, por ejemplo un ejercicio de vida religiosa.

Si quieres ser eficaz, concentra por entero tu mirada sobre un solo fragmento de tu vida.

- Hoy encontraste a Santiago. ¿Qué te pedía Cristo en aquel apretón de manos?

Tomaste el trolebús número tres. ¿Qué esperaba Cristo de ti y de esos hombres, juntos unos momentos?

Leíste una noticia en el diario. ¿Qué te ha dicho Cristo en aquel fragmento de vida?

En el trabajo, te proponen horas suplementarias. ¿Cómo reaccionan tus compañeros? A través de ellos y a través del acontecimiento ¿Qué señas te hace Jesucristo?

...tu vecina ha dicho..., en tu equipo deportista, el domingo..., en la radio hace poco..., el sindicato..., la hija del carnicero..., en el inmueble de enfrente, ayer..., dentro de quince días las elecciones..., etc.

- El acontecimiento es la materia prima de tu revisión de vida, es el lugar donde Jesucristo te invita a colaborar con Él; el sitio donde debes reunirte con Él, interrogarle y entregarte en conformidad con su deseo sobre ti y sobre tus hermanos.

- Tu amor comienza con una mirada desinteresada. Frente al acontecimiento, empieza, pues, por adorar a Jesucristo, viendo en tu vida y en la Vida del Mundo.

- Con el acontecimiento Dios te hace señas. Te descubre los planes que el Señor tiene sobre ti y sobre tu ambiente.

- Si quieres comprender al extranjero, familiarízate con su lengua, su mentalidad, su modo de vivir.

Si quieres interpretar las señas de Dios en tu vida y en la vida del Mundo, familiarízate con los pensamientos, las palabras, la vida de Jesucristo.

Si quieres conseguir verdaderas revisiones de vida, ma
neja con frecuencia el Evangelio [1].

- No siempre comprenderás lo que Dios pide de ti, pues su
voz algunas noches no atravesará la espesura de lo humano
ni el grosor del pecado. Pide perdón y, en la noche de la
fe, adórale en silencio.

- En el Evangelio Dios te habla. Espera tu respuesta.
En la vida se dirige a ti, invitándote al diálogo.
Tu revisión de vida debe desembocar en la plegaria:
plegaria de adoración: ¡es maravilloso, Señor!
plegaria de agradecimiento: ¡gracias, Señor!
plegaria de arrepentimiento: ¡perdón Señor!
plegaria de súplica: ¡concédeme, Señor!...

- Si Dios te habla por medio del acontecimiento lo hace para
invitarte a la acción con Él y en Él.

- Con la revisión de vida, la acción no es ya para ti apli
cación de técnicas humanas, búsqueda de «medios» de apos
tolado, sino, partiendo de la vida, respuesta a un deseo de
Dios.

- Hay que obedecer al Señor a través del acontecimiento

- Si revisas tu vida fielmente:
descubrirás no sólo al Cristo histórico sino también al
Cristo Total, cuyo gran Cuerpo Místico crece con el trans
curso de la historia,
situarás tu vida en el conjunto de los designios que el
Padre tiene sobre el Mundo,

---

1. Cf. «Dios habla o encontrar a Jesucristo», pág. 206.

vivirás con la vida de Cristo uniéndote, en el acontecimiento, a sus Misterios, pormenorizados en el tiempo,

te entrenarás para estar disponible mediante la búsqueda constante del deseo de Dios en ti,

entrarás con los hermnos, mediante la acción, en la realización del Plan creador y redentor.

...Con esto, cada día más, serás CRISTIANO-ADULTO.

# RE-VISAR LA VIDA EN EQUIPO

*El hombre no es un solitario, vive "como humanidad"; el cristiano aún lo es menos; progresa "con la Iglesia". Quien vive esta fraternidad en equipo lleva a cabo el deseo que siente el Padre de ver a sus hijos reunidos en una misma familia. La revisión de vida personal debe entonces desembocar en una revisión de vida comunitaria, sobre todo si el equipo, como en la Acción Católica, tiene el mandato oficial de apoderarse de todo un ambiente.*

- Tu re-visión de vida en equipo se sitúa en la línea de tu re-visión de vida personal, pero se extiende a la responsabilidad mutua de los elementos del equipo y a la responsabilidad común del ambiente.

- La revisión de vida en equipo no es:
   una reunión de porteros, que se cuentan los acontecimientos de la semana.
   ni un tribunal establecido para juzgar a los otros,
   ni una notificación común de la acción realizada,
   ni una comprobación mutua de resoluciones,
sino una mirada de fe en común sobre un acontecimiento que atañe al medio ambiente, *y en el cual un elemento del equipo está comprometido.*

- Incluyendo todo acontecimiento una invitación de Dios, su re-visión debe entrañar en sí una respuesta por medio de la acción: respuesta personal, respuesta del equipo y respuesta del medio ambiente [1].

- Si queréis encontrar al Señor tenéis que prepararos para la cita. Toda revisión de vida supone el recogimiento y debe nacer en la humilde plegaria de petición y consumarse en la acción de gracias.

- Frente a un acontecimiento, revisa primero *tu actitud*, y después la de tu medio ambiente.
Frente a tu entrega, no pierdas tu tiempo explicándola y menos aún justificándola, pero revisa sin demora *tu actitud* cristiana en esta entrega.

- Si dices: «nada de esto», es que nada aportas.
No vienes para recibir sino ante todo para dar.

- No seas ni taciturno ni locuaz, sino quien habla para dejarse guiar y quien escucha para cosechar y comunicarse.

- Si deseáis el éxito de vuestras revisiones de vida en equipo, es preciso que, al revisar la propia vida, ésta se haya convertido en una reacción continua en la vida de cada uno.

- La Iglesia encarga oficialmente a los grupos de Acción Católica que continúen en su ambiente la misión evangelizadora de Jesucristo. Si participas en alguno de estos Movimientos, *tus hermanos y tú*, representáis a la Iglesia en vuestro ambiente, y a vuestro ambiente en la Iglesia. Reunidos en equipo, el Espíritu Santo os asiste especialmente para ayu-

---

1. No sólo Obrar sino obligar a Obrar.

daros a descubrir el designio del Padre en vosotros y en vuestro ambiente.

- La revisión de vida en equipo es el lugar providencial donde se encuentra la vida de tu ambiente con la Iglesia.

- Los sacerdotes necesitan de la revisión de vida de los laicos para actualizar su mediación.

- En vuestra revisión de vida de equipo, comenzad por ver las riquezas del ambiente: la acción natural de las personas, la fraternidad, el deseo de justicia... todo cuanto, oculto a los ojos de los hombres, es ya acción de Dios sobre el Mundo; os sentiréis menos tentados de llevar a cabo *vuestra acción* y más prestos a *colaborar con la del Señor.*

- No debes contentarte con VER el acontecimiento a la luz de la fe, con JUZGARLO como señal de Dios, con ACTUAR respondiendo a su designio; has de ayudar en tu ambiente de un modo progresivo a tus hermanos a re-visar su vida, ya que también ellos están invitados por el Señor en el núcleo del acontecimiento.

- Cuanto más grande sea la lucidez espiritual del equipo, tanto más profunda será la actuación de todo el ambiente por medio de la re-visión de vida, y mejores las coyunturas de Revelación para tus hermanos; ya que el Señor está muy cerca de ellos, en su vida, pero les falta la Luz de la Fe y la fuerza del Amor para que también le reconozcan y le sigan.

# ORAR ES PONERSE A LA DISPOSICIÓN DE DIOS

*Entre los hombres que no oran o que oran poco o mal, hay quienes no creen en la plegaria y piensan que hay ocupaciones más urgentes y más útiles que nos reclaman; otros le atribuyen un poder mágico y la " utilizan" para conseguir la satisfacción de todos sus deseos, incluso los más materiales; otros, en fin, quisieran orar bien pero proclaman que no pueden o no saben. En todos estos casos, es obvio que el hombre no coloca la plegaria en el plano que le corresponde: el de ser un acto de fe. Enamorado de la eficacia, a veces, a su pesar, juzga la plegaria en términos de eficacia humana, condenándose a no comprender, y más aún, a no vivir una vida de plegaria auténtica.*

*El Mundo moderno necesita, sin embargo, imperiosamente que los ·hombres de la técnica ·sean también los hombres de la adoración, para evitar que la técnica les esclavice y aplaste.*

- No dices: no merece la pena que manifieste mi amor a mi esposa, pues ya lo conoce.

No digas tampoco: es inútil que le hable a Dios, ya sabe Él que le amo.

- No dices: no tengo ya tiempo de permanecer un solo instante con mi esposa, ni de acariciarla, ni de besarla; pero no importa, al fin y al cabo, trabajo para ella.

No digas tampoco: no tengo un minuto para rezar, pero no importa: ofrezco mi trabajo, ya es una plegaria.

El amor obliga a detenerse desinteresadamente. Si amas, *has de encontrar tiempo para amar.*

– Orar es detenerse. *Dar tiempo* a Dios, cada día, cada semana.

En el Mundo moderno el domingo ha llegado a ser el día que nos reservamos, nuestro día. Olvidamos que es el día de Dios.

– La enamorada que cada vez recibe más de tarde en tarde cartas de su enamorado, sabe bien que su amor está en peligro.

Si no «te comunicas» con Dios, tu amor está en peligro.

– Si ya no oras, no reconocerás ni oirás ya a Jesucristo cuando te hable durante tu vida, pues para verle y comprenderle, hay que mirarle y escucharle en citas cotidianas.

– Orar es ante todo dirigirse a Dios. Si ya no oras te dirigirás a ti mismo.

– Orar es religarte con Dios. Si ya no oras, permanecerás solo; y como que el hombre necesita un dios, te escogerás a ti mismo por dios.

– Si vives lejos de Dios, poco a poco concluirás: vivo bien sin Él.

Si vives sin Él, lentamente le olvidarás.

Si le olvidas, acabarás por creer que no existe.

– Quien busca siempre conseguir algo del ser amado no es un enamorado sino un comerciante.

Tu plegaria, con harta frecuencia, es sólo un comercio con Dios... quieres que «fructifique».

- Con harta frecuencia para ti orar es pedir; y rogar es, ante todo, presentarse desinteresadamente ante Dios: Padre nuestro, que estás en los cielos, santificado sea tu nombre.

- Con harta frecuencia, para ti orar es recibir. Y orar es también ofrecer. Ofrecer la vida del Mundo, ofrecer la propia vida, ofrecerse.

- En la plegaria, si no pretendes conseguir «algo», deseas al menos experimentar alguna satisfacción sensible. Decepcionado con frecuencia, abandonas todo esfuerzo:

«esto no produce nada»
«tengo la *impresión* de hablar en el vacío»,
«no siento nada».

Salvo una gracia especial, no puedes sentir nada durante la plegaria. Toda emoción viene de los sentidos; sin embargo, orar es ponerse en presencia, en contacto con Alguien que no es «sensible».

No podrás orar auténticamente mientras esperes hallar en la plegaria gustos sensibles.

- Orar es con harta frecuencia aceptar aburrirse ante Dios.

- Cuando estás

derrengado de fatiga,
abrumado de responsabilidades y cuidados,
desbordado por el trabajo,
atropellado por un horario apretujado,
solicitado en todas partes por los otros,

obligarte a detenerte y

ceder totalmente ante Dios,
aceptar en su presencia la ineficacia humana,

«perder tu tiempo» desinteresadamente en su Presencia,

es hacer un acto de fe, de adoración y de amor, que es la base de la plegaria.

— Hay que querer orar y querer orar es orar.

Intenta hacerte presente a Dios; inténtalo además durante todo el tiempo que fijaste para ello y no digas nunca:

«No puedo orar»,
«no sé orar»,

puesto que resignarte a intentarlo siempre, ya es orar.

— Por tu parte, tu plegaria vale, ante todo, por el esfuerzo que te exige. Por parte de Dios, por la acción del Espíritu en ti.

— No sueñes en condiciones excepcionales para la plegaria. No digas:

«¡Si tuviese tiempo!»
«¡Si estuviese tranquilo!»
«¡Si pudiese retirarme a la soledad!»

Claro está que conviene intentar aprovechar las mejores condiciones exteriores, pero aunque te hallaras en el desierto más árido, en la hondura del silencio más profundo persistiría aún el principal obstáculo: tú, y el mundo de ideas, de imágenes, de sensaciones, de pasiones... que vive en ti.

— ¿Te distraes en tus rezos? Lo contrario sería excepcional.

¿Por qué dedicarte a «expulsar» tus distracciones? Volverán.

No lo hagas, pues: míralas de frente y sea cual fuere su naturaleza — graves preocupaciones, futilidades o vulgares suciedades — ofrécelas a Dios con un gesto de homenaje o de arrepentimiento.

- Poco importa tu situación, tu condición presente. Dios te espera. *Nadie, nunca,* queda dispensado de la plegaria.

- ¿Qué dirías tú de un amor cuya expresión dependiera:

    de la facilidad de tu digestión,
    del estado de tu sensibilidad,
    de los múltiples éxitos o fracasos humanos que jalonan la vida?

Que tu plegaria *no dependa de las disposiciones de cada momento tuyo; regúlala.*

Dios está siempre presente, siempre amando, y siempre te espera.

- Propón a varios artistas la ejecución de la misma obra; las realizaciones serán muy distintas.

Observa a varias parejas; las manifestaciones de su amor son múltiples.

Del mismo modo las maneras de orar varían según la cultura, la edad, el temperamento. No desprecies ninguna de estas maneras; todas son valederas como medios; pero no olvides el fin.

- Pecas con todo tu ser.

Amas con todo tu ser.

Bueno será que ores también con todo tu ser.

Haz que ore tu cuerpo, que ore tu alma; pero respeta en ti la jerarquía de los valores [1] y no independices el gesto del espíritu.

---

1. Cf. «El hombre en pie», pág. 17.

- Los hijos de una misma familia nada más grato pueden hacer a su padre que reunirse para agasajarle.

Del mismo modo la plegaria en común y la plegaria litúrgica (plegaria pública de la Iglesia) no son una manera de rezar arbitraria sino la expresión normal de los hijos de Dios, entregados conjuntamente al mismo destino de amor.

- A medida que el amor se va volviendo más profundo, menos necesita de gestos y palabras, para expresarse, y tiene cada vez mayor necesidad de silencio.

También tu plegaria se irá simplificando. No porque no tengas ganas de hablar será ella menos profunda; al contrario, orarás mejor si tienes más ganas de mirar simplemente, de amar en silencio.

- Te quejas con frecuencia de no ser atendido; es que truecas los papeles. Reclamas de Dios

que cumpla *tu* voluntad,
que realice *tu* plan,
que se ponga a *tu* servicio.

Orar es todo lo contrario. Es pedir a Dios

que se cumpla *Su* Voluntad,
que se realice *Su* Plan,
que nos ponga enteramente a *Su* servicio.

- No has de proponerte cambiar a Dios, mandar a Dios, sino cambiar tú, ponerte tú bajo su dependencia, bajo su dirección.

- Si quieres escuchar la música en tu aparato de radio, has de ponerlo en marcha y captar luego la longitud de onda adecuada.

Si quieres ponerte en contacto con Dios, has de orar, es decir, *estar a Su disposición y permitirle que te transmita su gracia y su amor.*

- Nada nos parece suficientemente bello para ofrecer a quienes amamos.

Como que su Amor es infinito, el Padre no puede contentarse con regalar cosas de la tierra. Él sólo da lo infinito: se da a Sí mismo.

Por eso no puedes pedir a Dios

ser favorecido en la Lotería Nacional,
salir airoso en el examen,
obtener un aumento de sueldo...

si no es añadiendo la condición: «Si creéis, Señor, que así os amaré más a Vos y a mis hermanos los hombres».

- Confía. Confía siempre. Tú sabes que el Padre sólo puede querer tu bien. Sabes que aunque no sea conveniente acceder a tu deseo, su amor responderá sin embargo, *aunque de otra manera*.

- Dios necesita tu plegaria. Sólo puede conceder si pides, puesto que respeta infinitamente tu libertad.

Es Él quien, sin cesar, en silencio te ruega. Atiende a su amor.

- Tú puedes hacer que crezca el amor humano en la tierra.

Puedes cambiar el Mundo, transformarlo de arriba abajo; nada se hará si no oras, porque orar es:

permitir que la Voluntad de Dios se instale poco a poco en ti, en el sitio de la tuya,

permitir que te invada el Amor de Dios, en vez del amor a ti,

introducir, con tu ayuda, el Plan del Padre y su Amor todopoderoso en los hombres.

- Orar sincera y fielmente es asegurar infaliblemente tu perfección y la perfección del Mundo.

# CONFESARSE O RECIBIR
# EL SACRAMENTO DE LA PENITENCIA

*Si la confesión no existiese, habría que inventarla... Y los hombres, después de Dios, la han inventado, pero a su modo. Los americanos, para mejorar el rendimiento de algunas fábricas, han puesto a disposición de sus obreros "confesores laicos"; quien desea librarse de sus preocupaciones y de sus faltas va a confiarlas al hombre.*

*¿Qué otra cosa es la "autocrítica" marxista sino el reconocimiento público de las propias faltas antes de obtener el perdón? Por su parte, los múltiples correos del corazón, no son con frecuencia otra cosa que una oportunidad de confesarse y una búsqueda de "dirección de conciencia". En fin, hombres que no quisieran arrodillarse ante el sacerdote, representante de Dios, se extienden cuan largos son, cada vez en mayor número, sobre el diván del sicoanalista.*

*El corazón del hombre bulle de pasiones múltiples, es el recipiente oculto de innumerables culpabilidades. Quiéralo o no, el hombre se ve obligado a ocuparse de él. Aunque niegue a Dios, no puede destruir el mal; y si rehusa ver en el mal un problema moral, se arriesga, tarde o temprano, a encontrarse frente a un problema mental. En la misma medida en que rehusa al sacerdote necesita del siquiatra; pero el siquiatra no dará la verdadera paz, la que nos ofrece Jesucristo: "La paz os doy; no como la da el Mundo..."*

*Por parte del cristiano, dos escollos le amena-*
*zan en su actitud frente a la confesión. O queda*
*sin valor ante sus ojos, reducida a un rito anti-*
*cuado al que se somete de tarde en tarde, empu-*
*jado por un resto de legalismo; o reconoce su*
*necesidad, por un vago terror, y para recobrar*
*una paz puramente humana. En uno y otro caso,*
*habrá perdido el sentido profundo de la confe-*
*sión, relegándola a la categoría de una actitud*
*humana en lugar de ver en ella — en la fe y por*
*la señal eficaz del Sacramento — el encuentro con*
*Jesucristo Redentor.*

- Cuando vas a confesarte, piensas de buenas a primeras:

«¿Qué voy a decirle?», y después:

«¿qué va a pensar?», y al fin:

«¿qué me dirá?»

Piensa, pues, ante todo:

«¿*A quién* voy a encontrar? ¿qué *voy a recibir?*»

- Haces mucho caso de los pecados que confías y muy poco del Amor redentor que te confían.

- Si Jesucristo vino a la tierra, si sufrió, si murió y resucitó, fue esencialmente para vencer al pecado.
Confesarte es recibir el Sacramento de la Penitencia; y recibir el Sacramento de la Penitencia es encontrar a Jesucristo y unirte en el misterio de su muerte y de su resurrección.

- Por el pecado original, los hombres se separaron de Dios y se separaron entre sí.
Por el bautismo, prefieren unirse a Jesús Redentor y en Él vuelven a ser Hijos del Padre y hermanos entre sí.

Cada vez que recibes el Sacramento de la Penitencia,
     prefieres de nuevo a Jesucristo, «sumergiéndote» en
     tu bautismo,
re-anudando así o reforzando los lazos, rotos o flojos, que te
unían a tu Padre y a tus hermanos.

– Para levantarte, cada día has de renovar tu esfuerzo.
  Para trabajar, has de tomar cada día tu instrumento de
trabajo.
  Para amar, has de renunciar cada día a ti mismo.
  Tu negativa al pecado y tu unión con Jesucristo no son,
por desgracia, definitivas. Mediante el Sacramento de la
Penitencia has de volver con frecuencia a las fuentes de tu
bautismo, para renovar tu elección.

– ¿Por qué confesarme? ¡Volveré a comenzar!
  Por eso mismo, cabalmente, te conviene confesarte, ya
que recibir el Sacramento de la Penitencia es recoger toda
la fuerza triunfal de la Resurrección.

  ¡Pero yo la echaré a perder!
  No; porque si caes de nuevo, al menos caerás subiendo.

– Por la muerte de Jesucristo, el perdón de tus pecados está
ya asegurado. De modo que no has de conquistarlo sino
recibirlo libremente.

– El padre del pródigo esperaba a su hijo para concederle
su perdón. Sólo faltaba que su hijo volviera.
  Dios te necesita para introducir su redención en tu corazón y en el Mundo.

– Cada uno recibe tanto amor cuanto cabe en su corazón.
  Cada uno recibe tanta gracia cuanta puede contener su
alma.

A todos se nos ofrece la misma redención infinita, pero el grado de «abertura» de cada uno señala la medida del beneficio.

- Cuanto más pecador te reconozcas
    más sufrirás por tus faltas de amor.
  Cuanta más hambre de perdón tengas
    más redención recibirás.

- ¿Cómo quieres hallar otra solución a tu problema de matemáticas si antes no has advertido que te has equivocado?
  ¿Cómo quieres convertirte, si no has advertido que equivocaste el camino?

- Sobre la cruz, Jesucristo ha tomado ya todos tus pecados. Pero puesto que eres libre, has de dárselos hoy libremente.

- Tus pecados deben desfilar ante los ojos de tu conciencia, deben ser reconocidos, aceptados, para poder ser auténticamente ofrecidos a Cristo Redentor.

- La confesión es un misterioso intercambio. Tú das tus pecados a Jesucristo y Él te da toda su Redención.

- Si sólo compruebas tus cuentas de año en año, te será muy costoso advertir tus errores.
  Si sólo una vez al año examinas tu conciencia, difícilmente descubrirás todas tus faltas.

- Algunas personas, faltas de delicadeza, apenan a otros sin advertirlo siquiera.
  Si no ves tus faltas es porque no prestas atención; pero sobre todo porque tu amor no es suficientemente profundo y penetrante.

Si quieres examinar bien tu conciencia, primeramente has de ponerte en presencia de Dios y luego en presencia de ti mismo.

La fealdad del pecado se mide ante Dios, no ante ti: «...el pecado *Te* desagrada...»

- Sólo el ejercicio de una verdadera revisión de vida [1] te permitirá conocerte mejor. Descubriendo las invitaciones de Jesucristo en tu vida, verás con mayor claridad tus negativas.

- Adviertes claramente el mal que has hecho;
  busca también el bien que has omitido.

- Cuanto más ames, más descubrirás tus faltas de amor.

- El pecado es una ruptura con Dios, pero también una ruptura con todos tus hermanos en la Iglesia.

Tu retorno no puede ser un paso secreto, en el fondo de tu corazón, sino una entrada pública en la Iglesia.

- No te confiesas solamente a Dios sino... «a la Bienaventurada Virgen María... a todos los Santos y a vos, Padre...»; al sacerdote que es ministro de Jesucristo y testimonio de la comunidad.

- ¿Rehusarías un tesoro aunque te desagradara la mano que te lo brinda?

¡Qué importa el aspecto del sacerdote! *Tiene en sus manos la muerte y la resurrección de Cristo.*

- Tienes derecho a elegir tu confesor; no tienes derecho a omitir una sola confesión porque el sacerdote te intimide o te desagrade.

---

1. Cf. «La re-visión de vida», pág. 221.

- En la Iglesia, el bien o el mal del corazón de uno de sus miembros, repercute en todo el cuerpo.

Recibiendo el Sacramento de la Penitencia ofreces a todos tus hermanos un retoño de pureza y de amor.

- Quienes están inmediata y providencialmente a tu alrededor son los primeros que se benefician del Sacramento que recibes. Tú les comunicas a Cristo Redentor.

- Cuanto más unido estás a tu ambiente por la atención, el conocimiento y el amor tanto más podrás, mediante el Sacramento de la Penitencia, llevar a Cristo los pecados de este ambiente,

y tanto más podrás llevar a tu ambiente la redención de Cristo.

- Si luchas contra las faltas

> de justicia, en el trabajo,
> de amor, en los hogares,
> de fraternidad, en el piso y en el barrio,
> de paz, en el mundo...

Si luchas contra los jornales insuficientes, contra el barraquismo, el analfabetismo, el hambre en el Mundo...

no olvides que todos estos males son fruto del pecado y que todo pecado — para ser destruido — necesita Redención.

- Si te confiesas sin luchar contra el pecado en ti y en el Mundo, no vencerás el mal.

Si luchas contra el mal en ti y en el Mundo sin confesarte, no triunfarás,

pues el solo medio infinitamente eficaz de vencer el pecado está en luchar con todas las fuerzas, pero acogiendo en sí — mediante el Sacramento de la Penitencia — a Jesucristo, único Vencedor del mal.

# NO HAY QUE DESANIMARSE NUNCA

*¿Qué es lo que desanima a los hombres en sus forcejeos con el pecado? ¿Verse obligados a luchar con las mismas dificultades, sin esperanza humana alguna de superarlas?, ¿encontrarse bruscamente en tierra cuando se creían en pie y firmes? En ambos casos hay olvido de la Omnipotencia de Dios y de su Amor.*

*El desaliento es un serio impacto en nuestras vidas, pues nos anula, nos hace perder tiempo, y siendo, como es esencialmente, una falta de confianza, nos aleja de Dios, nuestro único Salvador.*

*Para un cristiano no hay nunca justo motivo de desaliento.*

- Todo «lo pintas negro»,

«mascullas lamentaciones»,

«te desentiendes de todo».

No crees ya en el esfuerzo:

«¿para qué luchar?»,

«no lo conseguiré»,

«siempre ocurre lo mismo».

El desaliento te inmoviliza, te paraliza, te deja sin reaccionar. No eres ya tú quien rige tu vida. ¡No vives ya!

- ¿Estás desanimado? Confiabas en *ti* y compruebas dolorosamente que no puedes contar contigo. Si confías en Dios, sufrirás con tu falta, pero no te desanimarás, pues Dios es tan poderoso y tan todo amor después de la·falta como antes. El desaliento es siempre un indicio de excesiva confianza en sí y de harto escasa confianza en Dios.

- No intentes esquivar de un modo artificial tus dificultades, tus malas costumbres, tus pecados inesperados.

«¡Si hubiese podido evitarlo!»

«¡Si fuese posible volverme atrás!»

«¡Si pudiese ahora comenzar de nuevo!»

«No es normal que yo halle tantas dificultades.»

«No es justo.»

«Es cuestión de temperamento: nada puedo hacer.»

Si quieres triunfar del pecado, tu primera actitud ha de ser reconocer el mal que está en ti. No te escabullas, no te disculpes, no intentes borrar, olvidar, negar; no es así como se vence. Acepta esta falta de hoy, acepta también la tentación de mañana, la tiranía de esa costumbre, esas ocasiones de pecado que no puedes evitar. No vino Jesucristo a quitarnos las tentaciones ni a suprimir·la posibilidad de pecar sino a perdonarnos los pecados.

- Tranquilízate; ni los mismos Santos se han visto libres de la lucha contra el mal. San Pablo escribía a los Romanos: «No hago lo que quiero sino lo que no quiero... No hago el bien que quiero hacer sino el mal que no quiero hacer... Cuando quiero hacer el bien, el mal está a mi lado... En mi ser íntimo, me complace la ley divina, pero en mis miembros veo otra ley luchando contra la ley de mi espíritu que me hace esclavo de la ley del pecado que reside en mis miembros.

¡Desventurado de mí! ¿Quién me librará de este cuerpo que me lleva a la muerte?...» [1]

- A los ojos de Dios, el valor profundo de un hombre no se mide por la debilidad de sus tentaciones, por el escaso número de sus caídas, ni siquiera por la ausencia de culpa materialmente grave, sino ante todo por su confianza total en la Omnipotencia del Salvador, por su amor y *por su voluntad de esfuerzo constante.*

- Mientras quede en ti una partícula de abatimiento, de tristeza, de flujo en tu alma, indicio es de que no crees todavía mucho en el perdón del Señor, ya que este perdón debería procurarte la paz, la alegría. Cuando el hijo pródigo vuelve a su casa, el padre quiere que todos olviden lo pasado. Prepara un banquete para invitar a la ALEGRÍA. «Hay mayor ALEGRÍA en el cielo por un pecador que se arrepiente que por noventa y nueve justos que perseveran.»

- Jesucristo es severo para con el pecado, pero bueno para con el pecador. Si eres víctima del pecado, el Señor llega a ti para amarte más y salvarte. Misterio infinito del amor. Deja que llegue; estarás más unido al Señor después de tu pecado que antes. De este modo toda falta es una señal, una invitación a ofrecerse a Jesucristo Salvador.

- Cada día te sientes más débil, a merced de la primera tentación.

Cada día descubres en ti más egoísmo y orgullo.

Ves con mayor claridad en tu vida las faltas de amor, las vacilaciones, las negativas. No te desalientes, *alégrate;* el

---

1. Romanos, VII, 15-24.

Señor ha venido para ti. Si te arrojas en sus brazos, podrá perdonarte, salvarte.

¿Cómo quieres que te perdone si no hallas en ti nada que tenga que serte perdonado?

¿Cómo quieres que te salve si no te dejas salvar?

- No confíes lograr la paz, mientras estés cada vez más seguro de ti, de tu vida honrada, de tu virtud cómoda. Esta paz sería la peor ilusión, puesto que entonces no sentirías necesidad del Señor y estarías solo, terriblemente solo y serías vulnerable, sin Él.

«*No vine para los justos* sino para los pecadores.»

«Vine a salvar lo que estaba perdido.»

«No son los sanos sino los enfermos quienes han necesidad del médico.»

- Desconfía del desaliento característico que entrañan las faltas contra la castidad. La vida física que ellas crean, el malestar sicológico que las acompaña, la impresión de tiranía del instinto todopoderoso, embrollan tu juicio deformando tu culpabilidad. No son las más graves las faltas contra la carne sino las que van contra la fe, la esperanza y la caridad.

- La costumbre limita tu libertad y limita también tu responsabilidad frente al pecado.

Si la costumbre te paraliza con sus lazos, se impone reconquistar tu libertad con paciencia y perseverancia.

- Comprobar tu debilidad no es descorazonador si al mismo tiempo vas descubriendo progresivamente la Omnipotencia del Amor divino.

- El Amor no te fallará nunca; eres tú quien no cree demasiado en el Amor.

- Grave cosa es quedarse en tierra cuando se cae; pero igualmente grave es permanecer sentado a la orilla del camino creyendo haber llegado.

Tus faltas deben convencerte de la verdad de tu debilidad; te ayudan a volverte niño y a reemprender la marcha dando la mano al Padre.

- «Constantemente pongo al Señor ante mi mirada;
  »puesto que está a mi diestra nada me alterará
  »Por eso se alegra mi corazón y exulta mi alma,
  »y hasta mi carne descansará con seguridad.» [1]

---

1. Salmo 15.

# LA MISA EN LA HISTORIA DEL MUNDO

*Nunca será nuestra mirada suficientemente am-
plia ni suficientemente profunda para comprender
la misa. Procuremos al menos poner todo nuestro empeño en evitar "empequeñecer" nuestra visión en los límites de nuestras cortas entendede-
ras humanas. La Misa es un misterio de fe; está
en el centro de nuestro destino y del destino del
mundo; para el cristiano es la Fuente Única por
donde le llega la salvación. Por ella Jesucristo
cada día salva el universo y a la humanidad.*

- ¿Qué es la misa para ti?

   un tiempo largo de aburrimiento;
   una costumbre sociológica de la que no osas desen-
      tenderte;
   una carga necesaria para tranquilizar tu conciencia;

o acaso:

   la ocasión para una pausa bienhechora para reco-
      gerte y reflexionar,
   un «ejercicio de piedad» como otros muchos.

¿Qué haces durante la Misa?

   prestas atención al sacerdote, que es tu amigo o al-
      guien a quien criticas;

escuchas, juzgas los cantos, repruebas o admiras el
desarrollo de la «ceremonia»,
examinas los vestidos o el porte de los asistentes,

o acaso:

«meditas»,
aprovechas una enseñanza del sermón,
«aprovechas su duración para tus rezos»,

o además comprendes un poco la misa por la costumbre
de tomar parte en ella, pero:

te sientes defraudado si no es el Padre Fulano quien
la celebra, «pues la dice mejor que...»;
prefieres una capillita o tal parroquia, porque...
«no te da la impresión de haber asistido a la misa»,
cuando...

Así, por distintos modos, los hombres rebajan el Santo
Sacrificio de la Misa al nivel de una ceremonia puramente
humana o la convierten en una «devoción» entre otras muchas,
para fomentar su piedad personal.

- Descuidas abrir el cofre.
Bordeas lo ESENCIAL.
Piensas, juzgas y te comportas como un hombre entre
cosas humanas; sin embargo, en la misa, *es el hombre divinizado, el hijo de Dios que eres tú, quien debe celebrar y llevar
a cabo con toda la Iglesia, la Acción Central de la Historia
humana, el retorno de la Creación entera al Padre, mediante
el sacrificio supremo de Jesucristo, Hombre-Dios.*
En la Misa estás en pleno misterio de fe [1].

---

1. Nos parece importante recordar aquí lo que dijimos en el prólogo:
no es nuestra intención presentar a lo largo de estos capítulos un estudio ex-
haustivo de cada cuestión sino algunas reflexiones sobre algunos aspectos de
cada una de ellas.

## LA REDENCIÓN DEL MUNDO

- Fruto del amor de Dios, la humanidad colectivamente, el hombre personalmente y el universo por medio del hombre, sólo podían triunfar y desenvolverse eternamente en la alegría, volviendo al Padre con un gesto de amor total.

El pecado, tanto el original como nuestras faltas personales, es la negación de la criatura a restituirse a sí misma y a restituir el universo a su Creador. El hombre vive para sí y no para Dios (ni para los demás por el amor de Dios); se «ofrece» a sí mismo, y no ofrece a Dios, el mundo. Se convierte en dios, des-orienta la creación, introduce en ella el desorden, el desequilibrio, el sufrimiento y la muerte [1].

- Sin el pecado el hombre habría hecho con alegría la ofrenda a Dios de su vida y del Mundo.

Tras el pecado, esta ofrenda supone despego de sí, desgarradura; *resulta sacrificio doloroso, inmolación.*

- Desde el origen, el hombre arrepentido e inquieto, intenta hallar de nuevo el camino del Amor, renovar con Dios la Alianza primitiva, ofreciéndole sacrificios que siguen siendo radicalmente imperfectos.

- Un hombre, Adán, ha alistado a toda la humanidad y con ella al Mundo en la negación a vivir para Dios.

Otro hombre, Jesucristo, firma con su sangre una Nueva Alianza, orientando de nuevo a toda la Humanidad hacia el «sí» al Padre.

---

1. Cf. «Sufrimiento, obra trágica del hombre», pág. 160.

- El Salvador, que es Dios, que es el Hombre total, que
ha acumulado en sí todos los sufrimientos, toda la vida de los
hombres y ha cargado con todos sus pecados, ofrece a su
Padre un sacrificio perfecto. El Padre acepta este sacrificio y por medio de la resurrección otorga su perdón a la
Humanidad pecadora. De esta VIDA devuelta a Jesucristo,
vivirá la Humanidad eternamente. La redención se ha consumado, la verdadera pascua se ha cumplido [1] la entrada en
la «Tierra prometida» [2] ha quedado asegurada.

- Jesucristo, Jefe de la Humanidad, hermano de todos los
hombres, Cabeza del Gran Cuerpo Místico, entró triunfal-
mente en el cielo. Por Él el hombre está con Dios; por Él
la misma materia está con Dios; tras Él la Humanidad y el
universo en marcha avanzan irresistiblemente hacia la resurrección. Jesucristo resucitado es por su sacrificio la prenda
de nuestro triunfo. Es el Camino: nadie puede ya impedir
la ascensión universal de todas las criaturas hacia Dios.


## LA MISA, SACRAMENTO MúLTIPLE
## DEL úNICO SACRIFICIO DE JESUCRISTO


- Camino abierto no quiere decir camino transitado.
Ser arrastrado por la multitud no quiere decir seguir consciente y voluntariamente el propio camino.
Eres libre, los hombres son libres. Para permitirles *ad-
herirse libremente a la Redención*, Jesucristo inventó el medio

---

1. Pascua quiere decir paso: los judíos celebraban el paso del Mar Rojo,
la liberación de la esclavitud en Egipto.
La verdadera Pascua del cristiano es su liberación por Cristo de la esclavitud del pecado.
2. El cielo.

de *re-presentar su sacrificio único para todos los hombres de todos los tiempos y de todos los lugares.*

No pudiendo presentarlo de nuevo en la forma cruenta del Calvario, en la última Cena, instituyó la forma sacramental llamada Misa [1].

- En la Misa, *sacramento múltiple del Único Sacrificio de Cristo* [2], la Iglesia, por ministerio de sus sacerdotes, re-introduce en el espacio y en el tiempo, «actualiza» el sacrificio de la Cruz, a fin de que cada uno personalmente y todos juntos puedan:

> ofrecerlo sin cesar al Padre con espíritu de adoración,
> adherirse a él profundamente, ofreciéndose cada uno a sí mismo y ofreciendo a la humanidad y al universo,
> aplicarse la Redención adquirida por Jesucristo comulgando su Cuerpo inmolado y resucitado.

## OFRENDA DE TODA LA CREACIÓN

- En el Santo Sacrificio, el pan y el vino que ofreces en compañía de la Asamblea representa el retorno de toda la Creación a tu Creador,

> el trigo para crecer se ha nutrido del jugo de la tierra, captó los rayos del sol, se aprovechó de todos los astros...
> el campesino sembró este trigo, el obrero construyó el arado,

---

1. Una forma sacramental, un sacramento, es una señal sensible, un símbolo, *que significa*, una señal eficaz.
2. Por lo cual es verdaderamente sacrificio.

el minero extrajo el mineral, el ingeniero...

Resumido en estos pocos granos de trigo molido, fundido en estas pocas gotas de vino,

> todo el universo está presente en su misterioso esfuerzo de ascensión hacia la vida,
> toda la humanidad está presente en su prodigioso trabajo de perfeccionamiento de la Creación;

todo el universo, toda la humanidad, uno y otra, dependiendo uno de otra, solidarios en el espacio pero solidarios también en el tiempo, toda la Creación en marcha cargada con todos los pecados y todos los sufrimientos, palpitante con toda la vida humana, con las alegrías y con el amor.

- Ofreciendo el pan y el vino y cuanto ellos representan reconoces que toda esta materia y toda esta vida, especialmente «tu» vida, pertenecen a Dios. Tú te desprendes de ella, la ofreces en sacrificio.

> La mano que se adelanta en gesto amigo empeña todo el cuerpo y toda el alma.
> Los labios que se acercan para besar empeñan todo el amor.
> En la misa, tú eres la mano, los labios y el corazón de toda la humanidad,

>> eres quien permite a la materia y al universo entero decirle al Creador: heme aquí,
>> eres quien murmura con tus hermanos, de parte de tus hermanos: henos aquí, he aquí nuestro sufrimiento, nuestra negativa, nuestro amor, toda nuestra vida.

- Aquel que llena más la copa del instante actual.
Quien más profundamente penetra de espíritu la materia con el esfuerzo del trabajo cotidiano.

Quien desarrolla hasta el máximo su cuerpo, su corazón, su espíritu.

Quien engrandece el amor, incuba, y luego desenvuelve con la educación, la vida en su hogar.

Quien pone el máximo empeño en el mejoramiento de la justicia humana, de la libertad y de la paz.

Quien se vuelve cada vez más fraternal para las cosas y las personas.

Quien, más vacío de sí mismo, más dispuesto, puede acoger en sí mayor cantidad de cosas, mayor cantidad de acontecimientos, mayor plétora de vida, mayor cantidad de GENTE.

Éste es quien puede ofrecer más a Cristo Mediador.

- El Salvador espera que *el hombre libre y amante pormenorice en el tiempo, juntándola plenamente* a ella, esta ofrenda de vida que Él ha presentado en la cruz de un modo global y perfecto al Padre.

- En el camino de tu existencia tu vida de cada día debe ser a cada momento como un ofertorio permanente.


## CONSAGRACIÓN

- Tus brazos no son suficientemente largos para hacer llegar tu ofrenda a Dios.

Tu corazón no es suficientemente puro para ofrecerlo todo sin reserva alguna.

Necesitas de aquel a quien la Iglesia ha consagrado para hablar con Dios, para ser la boca de Dios, para ser el Cristo visible en la Iglesia.

Necesitas que él diga sobre tu ofrenda y la ofrenda de la humanidad: *Esto es mi Cuerpo; ésta es mi Sangre.*

- En la Consagración confías el pan y el vino a Jesucristo para que Él los divinice.

El Salvador — por los labios del sacerdote — opera la más profunda transformación; la misma sustancia de la materia queda alcanzada; franquea el umbral de la Humanidad redimida. Extraordinaria asunción de esta materia que se convierte no sólo en hombre sino en Hombre-Dios. Por Jesucristo resucitado entra en la resurrección.

Con el pan y el vino, la vida que ofreciste, la Humanidad que con tus hermanos cristianos representas, el Mundo entero, queda asumido por Jesucristo para ser ofrecido, redimido y salvado.

- El hombre que se priva de algo, a que tiene derecho, para ofrecerlo a su hermano, hace un sacrificio.

Quien ofrece algunas monedas, algo de su tiempo, un poco de su vida, hace un sacrificio mayor.

Quien ofrece *toda* su vida hace el sacrificio supremo.

Bautizado, eres infinitamente poderoso en el corazón del Padre pues *tu calidad de miembro de la Iglesia te confiere el derecho extraordinario de ofrecerle un tesoro infinito: el sacrificio perfecto de su Hijo Jesús.*

## COMUNIÓN

- Presentas al Padre la oblación de Cristo y el Padre te invita, en pago, a comulgar con tu propia Redención, comulgando con tu Salvador.

- Gracias a la Eucaristía,

la muerte y la resurrección de Cristo no son ya sólo un hecho ocurrido o situado en un momento de la Historia;

TRIUNFO 255

Jesús no es ya solamente el hombre de un país, de una raza, de una clase social, de una época:
*Él y su Sacrificio son ya contemporáneos de cada uno de nosotros.*

- El deseo del amor es la unión total: fundirse uno en otro. Jesucristo prefirió ponerse todo entero con toda su Redención, bajo las apariencias de un bocado de pan, para que te nutras de su AMOR y te transformes en Él.

- Si comulgas a Jesús muerto y resucitado, es

para asumir la redención en tus miembros,
para liberarte del pecado,
para transformar tu vida de hombre, en vida de hijo de Dios, en vida de Cristo,

pero también para llevar la redención a tu medio ambiente, a tu actividad, a tus amistades.

- Eres único e insustituíble en el lugar en que estás, en el momento en que vives.

Jesucristo te necesita para esta partícula de materia y de vida, este pedazo de Mundo, este momento de Historia.

Si comulgando *estás activamente presente en toda la vida en la que estás metido,*

te conviertes en un injerto de amor divino en este gran árbol del Mundo;
te conviertes de nuevo en la boca de este prodigioso Cuerpo Humanidad; pero entonces para nutrirlo de Vida Eterna;
eres quien le permite crecer, desarrollarse, llegar a ser un poco más el CUERPO MÍSTICO de Cristo.

- No te atrevas a comulgar:

> Si consciente y voluntariamente no procuras desarro-
> llar todo tu ser;
> Si gravemente te opones a tu conciencia profesional;
> Si rehusas trabajar, viviendo tan sólo del trabajo de
> los demás;
> Si egoístamente te desentiendes de todo empeño en
> la lucha de los hombres por la justicia y la paz;
> Si rehusas amar y si descartas la vida que podrías dar;
> Si te alejas categóricamente de algunos hermanos
> tuyos;

puesto que cuando comulgas, no sólo comulgas el Cuerpo de
Jesús Salvador sino su Cuerpo Místico entero, su Cuerpo
Total, es decir, a todos tus hermanos los hombres, los de la
tierra y los del cielo: todo el universo.

- Por Jesucristo, la Redención triunfó; pero eres tú quien
pone obstáculos al triunfo cuando no injertas toda tu vida en
la ofrenda perfecta del Salvador y no acoges a Jesucristo
entero para injertarlo en toda tu vida.

- La misa es el acto sacramental de la transformación del
Mundo en Jesucristo,

> por ella, toda la cristiandad, toda la Iglesia en mar-
> cha, que va empujando hacia adelante al universo
> y a la humanidad,
> es la ascensión universal hacia Dios, mediante Cristo.
> «Tú sólo tienes que injertar tu vida en la ofrenda
> total, empeñar hasta el máximo toda tu acción y
> la acción de los hombres de tu tiempo, en la
> Acción misma del Hombre-Dios» [1].

---

1. P. Lebret: *Principios para la Acción.*

Cuando todo esté consumado,

> cuando el hombre haya juntamente con Dios empujado a la creación hasta su total acabamiento,
> cuando Cristo esté «todo en todos»,
> cuando su Cuerpo Místico haya alcanzado su «talla adulta»,
> cuando, aplicada la Redención a todos y a todo, Cristo se haya apoderado de todo, lo haya asumido, re-unido, re-orientado.

Entonces la Iglesia cesará de re-presentar la muerte y la resurrección de Cristo, puesto que será Él mismo quien venga.

Entonces el Cristo TOTAL será presentado al Padre en las manos traspasadas pero gloriosas de su Redentor.

Entonces comenzará la Acción de Gracias eterna en el AMOR recobrado.

...

y la Humanidad, el Universo, habrán TRIUNFADO por siempre jamás.

# DIOS TE SALVE, MARÍA

*¿Por qué las relaciones con la Virgen les re-*
*sultan ya difíciles a algunos de nuestros contem-*
*poráneos? ¿Por qué otros, en cambio, deforman*
*su devoción hasta el punto de ver en todas parte*
*intervenciones de nuestra Señora y atribuir a ta*
*o cual práctica un poder casi mágico? Demasia-*
*das trivialidades y una dudosa teología y un ex-*
*ceso de ingenuidad sirven de pantalla e incluso*
*desfiguran la simplicidad y la pureza de María*
*Pero además son demasiados entre nosotros lo*
*corazones abarrotados y los espíritus orgullosos*
*que no aceptan su infinito testimonio de la efica-*
*cia de lo ineficaz.*

*María está en el centro de la historia humana*
*de esta historia que hace progresar al mundo*
*mediante la adhesión silenciosa de su amor in-*
*maculado a los grandes designios del Padre.*

- La Virgen María no es «moderna» a los ojos de nuestro
contemporáneos; pero el mundo moderno tiene necesidad de
la Virgen María·para recordar los valores vitales de que s
olvida.

- A tu alrededor, los hombres se sonríen de la virginida
cuando no la menosprecian.

María no es.moderna, porque es Virgen.

Pero María es el testimonio de la fecundidad espiritual de la virginidad. Por obra del Espíritu Santo es Madre de Dios; y en Cristo lo es de todos los hombres.

— Si te unes con el Espíritu Santo, multiplicarás en el mundo la vida y el amor, más allá de la carne y con más seguridad que en la carne.

— Para ordenar y transformar la creación y hacer progresar a la Humanidad, confías en la ciencia, en la técnica... en la energía atómica...

María no es moderna;
sin gestos deslumbrantes,
sin prédicas,
sin acción,
sin lucha,
sin derramar sangre,

¡únicamente diciendo para siempre Sí a Dios, dio a Cristo al mundo y con Cristo salvó al mundo!

— En el siglo esplendoroso de la electrónica, del automatismo, de los proyectiles interplanetarios

María te recuerda el poder infinito
de la pura ofrenda,
de la presencia en el amor,
de la disposición interna,
del silencio.

— El sí de María es doble: es el consentimiento a la Encarnación y el consentimiento a la Redención.

Estando totalmente entregada al servicio del Reino y siendo absolutamente pura, nada en Ella es obstáculo para esta Encarnación ni para esta Redención.

En el centro de una Humanidad en marcha hacia su divinización en Cristo, la Virgen María es la eficacia en estado puro.

- Las palabras de amor parecen ridículas en unos labios sin amor. El rosario te parece una plegaria ineficaz y pobrísima en un mundo moderno tan rico de palabras expresivas.

El discurso del amor es: mirar, admirar, contemplar los misterios de Cristo, susurrando los mismos cumplidos y las mismas súplicas a Aquella que nos dio a Jesucristo.

- Te equivocas tú y se equivocan tus contemporáneos. María es la más moderna, la primera entre todas las mujeres de la Humanidad.

A la cabeza de la innumerable muchedumbre de los humanos fue al encuentro de Dios, a Quien habíamos perdido.

    Fino alborear de la pureza de la Humanidad,
    corazón entregado al Amor.

    libertad absoluta para pronunciar el SÍ de los esponsales del hombre con Dios,

    es Ella la primera mujer que renovó definitivamente con Dios la Alianza del Amor infinito. En su alma y en su propia carne es Ella el lugar de encuentro entre

    lo natural y lo sobrenatural,
    lo finito y lo infinito,
    el hombre y Dios.

Ella es la primera criatura «re-creada» que participó de la condición de criatura redimida, prototipo del hombre nuevo que hemos de llegar a ser.

- María se eleva silenciosa, en la primera página de la historia, como ensayo resuelto de la trascendencia de nuestro destino.

Viva en el cielo, en alma, en corazón y en cuerpo, ha introducido en él un poco de nuestra carne y de nuestra sangre, un poco de esta materia que espera también su asunción.

Primogénita entre nuestros hermanos,

nos espera,
nos atrae,
atrae a la Humanidad hacia su perfección,
atrae al Cosmos hacia su desarrollo.

- Jesucristo, hijo de Dios, es también hijo de una mujer de «nuestra casa».

De este modo, gracias a María, él es más nuestro; por Ella Jesucristo llega a ser también «familiar nuestro».

- María es Madre de Dios.
Es también tu madre.
Tienes la misma madre que tiene Dios.

- Jesucristo, por medio de María, introdujo en el amor trinitario el corazón de una madre de la tierra.

- Busca en el Evangelio a la «niña» Virgen María, Mamá de Jesús, fiel, discreta y dolorida. Ámala y rézale.

Pero busca también, iluminado por tu fe madura, a la Santísima Virgen, Madre de la Iglesia, Madre del Cuerpo místico, engendrándonos a cada uno de nosotros para la vida nueva y engendrando en Cristo a toda la Humanidad.

- Con Jesús, consumando su Encarnación mística en toda la Humanidad;
con Jesús, consumando los pormenores de su Redención en la Historia,
María continúa su obra en el mundo. Esposa fiel del Espíritu Santo, jalona Ella con su Sí eterno los más insignificantes gestos de gracia de su Hijo.

- No es posible la aparición de vida alguna sin una madre que la dé.

Ninguna partícula de gracia divina puede brotar en ti sin que se haga en ti presente el amor fecundo de María.

Si luchas en el amor por una paz más segura y por la justicia, María sostiene tus esfuerzos, puesto que se halla siempre donde precise dar la vida en su Hijo.

Si sufres ante la lacería temporal de tus hermanos, ante sus padecimientos morales; si te esfuerzas en librarles de ellos, María participa en tus esfuerzos, puesto que dondequiera que se eleve una cruz, está Ella de pie, pronta al sacrificio para que florezca en su Hijo la Redención.

- María debe ser tu compañera en la entrega, pues sin su ayuda maternal ningún progreso harías nunca ni en el amor ni en la vida.

- ¿Por qué no aprecias a la Santísima Virgen

        siendo la primera que puede dar a tu vida el triunfo en Cristo,

        y la primera que puede hacer progresar a la Humanidad en el amor fraterno,

        y la primera que puede apresurar la glorificación en Cristo de toda la creación?

No la aprecias porque hoy en la historia de los hombres, como ayer en la historia de su Hijo

        se eclipsa Ella silenciosamente...
        se calla aun estando allí.

Dile, cada día, a cada momento de tu vida, del modo más sencillo que te sea posible:

Dios te salve, María.

# LA AVENIDA DEL AMOR CONDUCE A DIOS
# ...PARA AMAR CON EL CORAZÓN DE JESUCRISTO

> *Todo amor, si es auténtico, encamina al hombre a Dios, pues san Juan nos dice: "todo amor viene de Dios"* [1]. *Pero aunque en un plano puramente natural, el amor lleve ya en sí la promesa de lo infinito, es preciso — para desembocar en lo sobrenatural— que el hombre consciente y libre abra de par en par su corazón al amor de Cristo. De esta manera el cristiano tiene, mediante la gracia de la caridad, el poder extraordinario de amar a Dios y a sus hermanos como el mismo Dios se ama y ama a sus hijos.*

- El hombre no puede ser

  un hambre sin alimentos,
  una sed sin bebida,
  una pregunta sin respuesta,
  un amor sin amor.

El hombre camina dolorosamente buscando su perfección!

- En la base de tu deseo de amar y de ser amado se coloca tu deficiencia esencial. Mediante el amor buscas tu expan-

---

1. 1.ª Epístola de san Juan, IV, 7-8.

sión.    Pero esta busca perpetua de la unidad te dejará insatisfecho en tanto no reboses de amor infinito: Dios.

En el fondo del ser humano, la búsqueda del amor es siempre una búsqueda de Dios.

- El amor te acerca a Dios porque te despega de ti mismo, puesto que sólo hay dos polos de atracción y de entrega en la vida de todo hombre: él mismo o los demás y Dios.

- Tú no puedes dejar de volverte enteramente hacia el amor porque desde toda la eternidad has sido pensado por amor y el amor reclama amor.

- Tú eres un pensamiento de amor de Dios.
Tu vida ha de ser una respuesta de amor.

- La gran Revelación de Jesucristo
    es que DIOS es AMOR,
y que la gran aventura del Mundo y de los hombres es una historia de amor y el éxito final sólo puede ser fruto del amor.

- En ti y en los otros, el amor auténtico es siempre la señal de la presencia de Dios, puesto que Dios está presente en todo amor como el sol en cada uno de sus rayos.

- «El amor viene de Dios y quien ama — sea quien fuere — ha nacido de Dios y conoce a Dios.   Quien no ama no conoce a Dios, puesto que Dios es amor...   Quien permanece en el amor permanece en Dios y Dios en él» [1].

- Puedes seguir las huellas de Dios, en el Mundo, adivinando los gestos de verdadero amor.

---

1.   1.ª Epístola de san Juan, IV, 7-8 y 16.

Puedes lograr que Dios entre en los hombres, olvidándote de ti para sembrar el amor a tu alrededor.

Puedes llevar a los otros al encuentro de Dios, ayudándoles a amar concretamente a sus hermanos.

- Cada acto de amor tuyo es testimonio del Amor, anuncia silenciosamente a Jesucristo. Un día habrá que decir a los otros que el Amor es Alguien.

- Todo progreso en el amor es siempre un progreso hacia Dios.

En la vida, las etapas importantes del amor son la ocasión ofrecida regularmente para acercarse a la unión con el Hijo:

la búsqueda de amor del adolescente,

el descubrimiento de la entrega a los otros,

la amistad,

los esponsales,

la boda,

la maternidad y la paternidad,

el compromiso adulto para la lucha por un mundo mejor;

luego, a través de estas grandes etapas, las múltiples invitaciones a la entrega:

la salida con el grupo, el partido de fútbol, la galantería que se rehusa,

la huelga que hay que dirigir, los pasquines que hay que distribuir, los anuncios que hay que fijar,

el niño a quien hay que escuchar, el juguete que hay que reparar,

el beso que hay que dar, a pesar de la fatiga...

... y todo, durante todo el tiempo, incesantes ofreci-
mientos del Amor que propone vivir por amor y
del amor.

Es tu fidelidad a Dios en el amor de cada día lo que se
juzgará en ti.

- El camino del amor viene de Dios y lleva siempre a
Dios, pero:

si crees haber alcanzado el fin de tu amor,
si te detienes en el camino,
si procuras quedarte para ti el objeto de tu amor,

entonces la ida a Dios se detiene, pues tomas por dios lo que
es sólo una despreciable criatura.   Es idolatría.   Los diosecil-
llos te ocultan al Único Dios.   Si no reemprendes la ruta estás
condenado a la perpetua insatisfacción, y lo que es aún más
grave, desbaratas tu perfeccionamiento.

- El deseo del amor consiste sólo en ser uno con los seres
amados.   Humanamente — y éste es el drama del hombre —
la unión no puede ser total.

Si quieres llegar al éxito del amor, has de acoger enteramente a Dios en ti, e interiormente Dios te unirá con aquellos a quienes amas.

- ¿Te contentarías con un amor limitado?

amo hasta el día...
amo, pero a condición de que...

El amor reclama lo infinito y sólo Dios puede dar lo infinito.

Tú no puedes amar auténticamente y totalmente sin brindar todo tu amor a todo el amor de Dios.

- Pregunta a tu amor si ama al AMOR.

Si lo ama sabrás que es capaz de amarte sin límites.

Si no, te darás cuenta de que su amor es una mutilación de lo infinito.

- Eres harto pequeño para alcanzar y extinguir el amor de Dios.

Tu corazón es harto pequeño para amar a tus hermanos
    como les ama Dios,
y no obstante, con este amor infinito es como desea Dios ser amado y como desea ver que amas a tus hermanos.

- Los otros y el Mundo entero esperan de ti no simplemente amor sino amor divino.

Tu caridad no debe ser caridad «natural» sino «sobrenatural».

- Necesitas toda la Redención de Cristo para limpiar tu amor de egoísmos.

Necesitas todo el amor de Cristo para transfigurar en caridad tu amor humano.

- La caridad, con el don de la gracia, es el misterioso poder de amar como Dios ama, con «el corazón» de Cristo:

    a Dios, tu Padre,
    a los hombres, tus hermanos.

- Si quieres amar más, toma más Amor en ti, deja cada vez más que el AMOR ame en ti y por ti.

- Haz que, por tu medio, Dios ame a tus hermanos.

- Si amas «humanamente» al otro, les unes a ti.
  Si le amas en caridad, le unes a Cristo.

- Si amas con Cristo y en Cristo ayudas al crecimiento del Cuerpo Místico, ayudas al progreso del Reino del Padre a la vez que lo anuncias.

- No se trata de «dar limosna» sino de ser «amor».

- «Ama y haz lo que quieras» [1].

---

1. San Agustín.

# INDICE DE MATERIAS

## EL HOMBRE

## EL HOMBRE Y SU VIDA

## EL HOMBRE Y LOS OTROS

## EL HOMBRE Y SU VIDA EN CRISTO

**Obras del mismo autor
publicadas por Editorial Herder**

AMOR: DIARIO DE DANIEL

ISBN 84-254-0624-5. 20.ª edic. 12 × 20 cm. 240 págs.

DAR: DIARIO DE ANA MARÍA

ISBN 84-254-0170-4. 21.ª edic. 12 × 20 cm. 336 págs.

La autenticidad en el lenguaje y situaciones de los protagonistas
convierte a éstos en el resumen, la síntesis, de la manera de ser de
todo un grupo. Por ello Daniel y Ana María adquieren la categoría
del adolescente típico de nuestro tiempo, con el que se identificarán
todos los jóvenes. A ellos principalmente se dirige nuestro autor.

CARTAS DE AMOR DE LUIS Y TERESA

ISBN 84-254-0508-4. 5.ª edic. 12 × 20 cm. 238 págs.

Presentación y notas de **Michel Quoist**

Estas cartas son auténticas. Nacidas en una etapa de noviazgo que
las circunstancias obligaron a prolongar, muestran cómo dos per-
sonajes jóvenes tratan de preparar y construir su vida en común
el uno con el otro y el uno para el otro, cómo se enfrentan a las
dificultades de cada día, las superan y llegan a conseguir la responsabilidad y el respeto del amor, precisamente al proyectarse más
allá de sí mismos y al superar el egoísmo, entregándose a los demás.

A COR OBERT

ISBN 84-254-1272-2. 14 × 22 cm. 304 págs.

Publicación en catalán de la última obra de Michel Quoist, en la
que el autor sugiere una serie de reflexiones sobre el sentido del
vivir cotidiano. Reflexiones con toda la carga de interrogaciones,
dudas y certezas humanas, que, apoyándose en los acontecimientos
diarios, permiten entrever lo que transciende la pura anécdota de
la vida y del mundo.

**Blanchet, Louis**

LAS INQUIETUDES DE JUAN LUIS

ISBN 84-254-0303-0. 11 × 18 cm. 248 págs.

Con una prosa intimista y expresiva, el autor nos introduce en una familia enteramente normal: una madre tierna y preocupada, un padre entregado a su trabajo, un hijo en edad escolar que se resiste a digerir el latín. Los problemas educativos se plantean en términos muy actuales.

**Leist, Marielene**

LA ANGUSTIA ANTE EL SEXO

ISBN 84-254-1015-0. 14 × 22 cm. 208 págs.

Esta obra trata de hacer ver a los adolescentes de ambos sexos su propia situación, su inseguridad, sus deseos, su sed de amor, sus angustias en lo que ellos llaman instinto. La autora, con una leal e indiscutible objetividad, brinda al lector excelentes exposiciones y gráficos de información biológica.

**Levassort, Odile**

CHICOS Y CHICAS

**La dicha de amar**

ISBN 84-254-0559-9. 3.ª edic. 11 × 19 cm. 352 págs.

Se trata de un itinerario sugestivo y dinámico de las etapas del amor juvenil. En él queda reflejado el tiempo de la seducción, de la duda, de la elección, el tiempo de la confianza y del amor. El amor obra en nosotros con la fuerza de una revolución.

**Monné, María Teresa**

AMO LA VIDA

**Cartas llenas de vida y de amor, de una joven muerta a los 21 años.**

ISBN 84-254-1145-9. 12 × 20 cm. 252 págs. ilustradas con 8 fotografías

María Teresa, maestra rural, es un ejemplo de intensidad de vida en un período de tiempo muy breve. La mayor parte del epistolario está dirigida a su prometido, miembro, como ella, de la Comunidad de Jesús. El seguimiento de la espiritualidad de Carlos de Foucauld vivida en grupo la llevó a un compromiso solemne de pobreza, amor y comunidad.

**Editorial Herder S.A.,** Provenza 388, BARCELONA (25)